雅典文化

婆婆是教養孩子最大的敵人

Who Is The Worst Enemy Of Kids Nurturing.

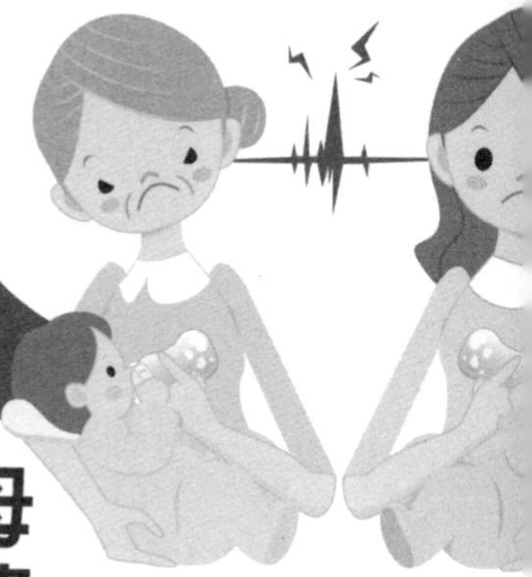

婚前，和藹可親的伯母
婚後，變身為犀利婆婆

小孩出生後，更是什麼事都要插手的管家婆！

不可否認
當驗出第二條
紅線開始
妳的世界就此
不一樣！

婆媳教養不同調已經很頭
姑嫂妯娌又來湊一腳？！

俗話說：家家有本難唸的經
但是婆媳這本經
似乎是最無解、最難唸的

還不知道性別前，婆婆一派開明的說：
「男生女生都一樣，健康就好！」
在確定懷的是女兒之後，
婆婆三不五時就說：「再生一個弟弟來作伴！」

國家圖書館出版品預行編目資料

婆婆是教養孩子最大的敵人？ / 張曉雲著. -- 初版.
-- 新北市 : 雅典文化, 民102.06
面 ; 公分. -- (現代親子系列 ; 22)
ISBN 978-986-6282-82-9(平裝)
1. 親職教育 2. 親子關係
528.2 102006476

現代親子系列 22

婆婆是教養孩子最大的敵人？

作　　者／張曉雲
責　　編／林于婷
美術編輯／劉逸芹

法律顧問：方圓法律事務所／涂成樞律師

總經銷：永續圖書有限公司
永續圖書線上購物網
www.foreverbooks.com.tw

CVS代理／美璟文化有限公司
TEL：（02）2723-9968
FAX：（02）2723-9668

出版日／2013年06月

雅典文化

出版社
22103 新北市汐止區大同路三段194號9樓之1
TEL （02）8647-3663
FAX （02）8647-3660

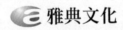

前言

婆婆請把孩子還給我

「媽，跟妳講過多少次了，不要給小孩吃那麼多餅乾糖果，等一下又吃不下飯了！」

「哪個小孩不吃零食啊？這也不准吃、那也不准吃，小孩太可憐了吧？」

「媳婦啊！小寶都要兩歲了，妳還在幫他包尿布？人家隔壁王媽媽的孫女才一歲半，尿布就戒掉了啦，丟死人了。」

「媽，專家說太早強迫小孩戒尿布，會影響他的安全感。」

「什麼專家、什麼安全感，我聽嘸啦！兩歲了還在包尿布，羞羞臉！」

以上的對話，是不是常在妳家上演？

不可否認，當驗出那第二條紅線開始，妳的世界就此不一樣。爲了肚子裡的小生命，妳忍受嘔盡胃酸的孕吐、戒除曾經最愛的咖啡、可樂、鹹酥雞。隨著肚子裡小寶貝的成長，以往塞得下S號、M號的纖細身材，居然逐漸朝L號甚至XL的大尺碼邁進，再低頭瞧瞧自己水腫的如同象腿的雙腳……

櫥窗裡那些美麗的衣服，似乎從此只能純欣賞了，奇妙的是，看著逐漸隆起的肚皮，這些徹底打擊女人自尊心的變化，妳都可以視而不見。

辛苦了十個月，總算能和小生命見面了，熬過那天崩地裂的分娩痛楚後，妳以爲，往後迎接妳的，是初爲人母的喜悅和兩人世界變三人世界的幸福滿溢，卻發現，事情跟妳想像的完完全全不一樣！因爲原本只有你們三人的小世界裡，從此也多了一位份量不小的「第四者」。

她，既是婆婆也是阿嬤！

她，把妳大大小小育兒的事都當成自己的事！

她，把妳的孩子當成自己的孩子疼愛，甚至到了寵溺的地步！

請婆婆帶小孩，我做錯了嗎？

玉婷是職業婦女，婚後就跟公婆同住，和婆婆之間雖然不到親如母女的地步，但相較於許多家庭劍弩拔張的婆媳關係，跟婆婆這些年來相安無事的相處，玉婷已經覺得自己很幸運了，所以當她發現懷孕的那一刻，婆婆自然就成了未來替她帶孩子的不二人選。

原本以爲孩子出生後，婆媳關係會因此變得更親密，但抱著寶寶從醫院回家的那一刻起，她跟婆婆的爭執就沒停過——寶寶哭了要不要抱，婆婆管；餵母奶還是配方奶，婆婆也有意見。

到了該餵副食品的階段，不顧玉婷辛苦備好的蔬果食物泥，婆婆就堅持要餵寶寶她親自熬的大骨粥，理由是：「我幾個孩子都是這樣帶大的！」

每天，爲了孩子的教養問題，婆媳間總有吵不完的大小事，每回的爭執結束，身心俱疲的玉婷總會想：當初請婆婆幫忙帶小孩，我的決定錯了嗎？

婆婆瞧不起我是全職媽媽，什麼都想插手管

曉娟是新手媽媽，懷孕後期就因爲前置胎盤的問題，在老公的支持下，把工作

辭掉安心待產，爲此婆婆很不高興，認爲曉娟把家庭的重擔全丟在老公身上，只想在家當少奶奶享清福。

孩子出生後，婆婆更是三不五時就藉著看孫子的名義來到曉娟家，今天嫌她孩子養得瘦巴巴，明天問曉娟何時要找工作，孩子交給她帶就好。

現在曉娟只要聽到門鈴聲響，全身神經就會緊繃，因爲她不知道，今天婆婆又會帶來什麼樣的「震撼教育」？二十四小時照顧孩子已經夠疲累了，還要承受來自婆婆的壓力，曉娟常常覺得很不開心，甚至會懷疑自己爲誰辛苦爲誰忙？

玉婷和曉娟，是不是很像另外一個妳？不管孩子給誰帶、是不是跟婆婆同住，婆媳之間爲了教養起的爭執，似乎是沒完沒了，永無休止的一天，原本已經不算輕鬆的育兒路，因爲多了婆婆的「過度關心」，似乎更加崎嶇難行。

於是，有了這本書的誕生。

這不是一本要挑起婆媳戰爭的書，而是提供許多過來人的經驗法則給妳，當又遇到和婆婆教養不同調的窘境時，有哪些方法可以讓妳保有自己的教養原則，在婆婆面前又能「全身而退」。

希望在這本書的幫助下，妳在育兒的這條路上，越走越輕鬆，祝福妳。

目錄

Chapter 1
當婆婆變成阿嬤 世界就變了？

很多已婚婦女常有疑問——

婚前，我每次到男友家做客，那位總是煮好滿桌佳餚、切好新鮮水果，甚至笑著婉拒我進廚房幫忙的和藹伯母，在我結婚後到哪裡去了？

Chapter 2
孩子託給婆婆前 先學會五「不」

產假結束，決定要把孩子託給婆婆，重返職場了嗎？那麼，有些心理建設妳一定要做，婆婆有些話妳千萬聽過就要忘！

Chapter 3
孩子託給婆婆後 教養戰爭一觸即發

孩子託給婆婆帶，原本以為是省錢又安心的開始。沒想到為了孩子，跟婆婆卻任何大小事都能吵，當婆媳教養不同調時，妳該怎麼辦？

Chapter 4
姑嫂妯娌也生了小孩事情更複雜

本來只需要跟婆婆磨合的教養問題，在姑嫂妯娌也升格當了母親之後，若衍生出衝突或情緒，絕對是加倍複雜。

後記

當婆婆變成阿嬤

世界就變了？

Chapter 1

生不生、生幾個 婆婆幫妳訂時間表

救命啊！婆婆老催我生

淑貞結婚還不滿一年，和老公租屋在外頭住，彼此都有共識，打算再多享受幾年兩人世界的自由和甜蜜之後再生小孩，沒想到這對小夫妻還不急著當父母，做婆婆的就先急了，一開始還能滿臉笑容地對著兩人說：「兒子、媳婦啊，什麼時候生個白白胖胖的孫子給老媽抱啊？」

「媽，不急啦，等過一陣子再說啦！」

前半年，婆婆還能笑呵呵地提醒夫妻倆，別讓自己等太久。

後半年，婆婆越催越急，口氣也越來越差。

「兒子、媳婦啊，有好消息了沒？」

「媽，我們才結婚不久，經濟還不是很穩定，等一切都準備好了自然會生啦！」

「準備？生孩子哪需要什麼準備？都結婚一年了，你們努力一點，我現在就有孫子能抱了。人家我朋友好命的，孫子都好幾個了，哪像我……」

淑貞不懂，有沒有孫子抱，跟命好不好有什麼關係？同樣地，婆婆也不懂，結了婚緊接著生小孩，不是天經地義的事嗎？不趁著年輕快點生一生，這小倆口還在等什麼？

和婆婆的觀念有很大的差異，再加上婆婆急著「催生」，回婆家對淑貞而言，逐漸變成一件痛苦的事。

婆家餐桌上開始瀰漫著補品的味道，只要淑貞夫妻回到婆家，就是兩大碗補品上桌，而婆婆必定坐在旁邊盯著他們吃完，一邊吃著，兩人的耳朵也無法閒著，婆婆總是不厭其煩地重複那些淑貞都快背起來的話：不是哪個堂姊堂妹懷孕了，就是哪個鄰居或菜市場攤販又當阿公阿嬤了。

然後總是意有所指地看著淑貞夫妻倆補上一句結論：「你們哪！別讓我等太久啊！」

淑貞也想避免尷尬，讓老公自己回婆家就好，但老公勸她：「沒生小孩媽就唸成這樣了，妳再不回去，她會怎麼想？」

配合回去了幾次，又被婆婆這樣對待，長時間下來，淑貞也很難有好口氣，和老公起爭執的次數越來越頻繁。

「你到底有沒有跟媽說，我們過幾年才要生啊？」

「有啊！」

「那她怎麼還這樣？每次回去都被唸，真的很煩耶！」

「老婆，老人家就是愛唸，妳聽聽就好了嘛！」

「聽聽就好？她的每句話根本都是衝著我來的啊！」

「好啦！妳有完沒完啊？回家被唸，回來還要聽妳唸，妳嫌我不夠煩嗎？」於是，兩人又是不愉快的結束。

一開始，不是爲了多享受兩人世界才決定慢點生小孩的嗎？現在，我們的兩人世界變成什麼樣子了？淑貞想著想著，眼淚總是忍不住落下。

這天，又是一個從婆家回來後什麼都不對勁的週末。

淑貞跟老公又爲了婆婆催生的事情起了爭執，負氣走出家門的她，決定一個人到樓下走走。秋天的傍晚，已經開始有點涼意了，正當淑貞有些懊惱，沒多帶件外套保暖時，眼前一幕，讓她看呆了。

公園的長椅上，一對老夫妻手牽著手相依休息。這時，起風了，老爺爺脫下身上的外套，披在老奶奶身上，老奶奶側過頭，對身旁的老伴溫柔一笑。

老夫妻一句話也沒有交談，眼底卻都是滿滿的愛意。

看到這裡，淑貞一怔。

是啊！最後要跟我走完下半輩子的，是當初在婚禮上許諾「我願意」的老公，而不是婆婆啊！她突然覺得自己這一陣子爲了婆婆的態度，對老公發脾氣，甚至傷了夫妻和氣，是一件多不值得的事！

這天晚上，淑貞心平氣和地跟老公溝通，她先爲自己的衝動道歉，然後確定了老公和自己對生孩子的時間仍舊有共識。至於最頭痛的婆婆那邊，就交給老公去擋吧！

淑貞這邊要負責的，就是練習對婆婆的叨念做到充耳不聞，可以的話，就做到笑笑地對婆婆說：「媽，生孩子的事，妳要問妳兒子啦！我哪有辦法作主。」

因爲她跟老公都清楚知道，孩子是他們的，該什麼時候生，他們自己做決定就好。至於回婆家要聽的嘮叨，就當做他們違背老人家的意思，所付出的小小「代價」吧！

生了一個還不夠？婆婆別再逼我生！

玉娟是全職媽媽，寶寶剛過完週歲生日，玉娟原以為從每天張羅孩子吃喝拉撒睡的新手媽媽階段畢業後，二十四小時待命的育兒生活可以稍微告一段落了。

沒想到寶寶開始學走後，對什麼都充滿好奇，常常玉娟一個不注意，回頭寶寶又打翻或摔碎了什麼。每天忙家事、張羅孩子的吃穿、緊盯孩子的一舉一動，就夠玉娟忙的了，所以這陣子她最常掛在嘴邊跟老公說的話就是：「顧一個我就快累死了，別想再叫我生！」

老公明白她的辛苦，也總是笑笑安撫她，要她放寬心，等寶寶再大一點，應該就能輕鬆些了。

這個週末，玉娟夫妻倆帶著寶寶回南部婆家看爺爺奶奶，寶寶蹣跚學步和牙牙學語的可愛模樣，逗得兩個老人家笑呵呵。

沒想到，婆婆和寶寶玩得正開心時，竟笑著回頭問：「第二胎有好消息了沒啊？」

玉娟一聽，傻住了——什麼第二胎？什麼好消息？誰說我要再生啊？

沒等玉娟回答，老公搶先對婆婆說：「媽，寶寶現在正皮的時候，玉娟每天照顧他，常常連吃飯都擠不出時間，哪來的心思顧第二個？等寶寶大一點再說吧！」

婆婆對兒子的答案，顯然不太滿意。

「寶寶都一歲啦，還不夠大呀？隔太久生，兩個孩子年齡差太多，玩不起來的，要帶就一起帶，帶孩子沒那麼難啦！以前我一個人帶你們幾兄弟，還要下田、餵雞、養豬，還不是把你們拉拔到這麼大。」

婆婆一長串劈哩啪啦的話，讓玉娟越聽臉色越沉。

老公看得出玉娟的不對勁，連忙打圓場。

「媽，生老二的事，我跟玉娟自己會盤算，妳就別操心了，我們吃飯去。」

生老二的話題是先止住了，但婆婆剛才的話，卻一直在玉娟腦海盤旋不去。這天在婆家的午餐，她吃得很不是滋味。

沒想到，這只是開始。

那天之後，婆婆三不五時就打到家裡給玉娟，藉關心他們一家三口近況之名，行電話監控生老二之實。開頭總是先問寶寶最近好不好、玉娟帶小孩累不累啊，然後沒多久就切入正題。

「怎麼樣，有了沒？」

「媽，我只想先專心照顧寶寶啦，生老二的事之後再說。」

「什麼再說？我上次講的還不夠清楚嗎？妳不趁現在年輕趕快生一生，要等到什麼時候？等妳過幾年想生、生不出來，到時候後悔就來不及啦！」

玉娟跟婆婆本來就沒什麼話聊，婆媳倆一直維持客氣生疏的關係，沒想到現在變成三天兩頭就接到婆婆來電，話題還是繞著她目前最排斥的再添一個孩子打轉，所以現在只要家裡電話鈴響，玉娟心情就跟著沉重，因為她不知道，婆婆今天又想出什麼理由來說服她。

玉娟不是沒跟老公抱怨過，但老公的回答總是千篇一律，不是要玉娟忍耐，就是要她站在老人家想抱孫的立場想想，別太在意。

老公這些話在玉娟聽來，不但不成立，反而更刺耳。

「忍耐?你說得倒容易，每天在家受電話疲勞轟炸的是我不是你，被唸的也是我不是你，你當然能說得這麼輕鬆!要我站在老人家想抱孫的立場想?那誰站在我的立場替我想?」玉娟越說越不開心。

※

這個週末，他們一家三口又回南部探望公婆，午飯才吃沒多久，婆婆又開炮了:「不是我要說你們，都大半年過去了，玉娟肚子怎麼一點動靜也沒有啊?」

玉娟只好再重複她這幾個月講了不知幾百遍的話:「媽，生老二的事，之前不是討論過了嗎?等寶寶大一點再說嘛!還有啊，最近不是才有新聞說，養一個孩子到大學，至少要一千萬花費耶，哪能說生就生啊!」

「一千萬?騙肖耶!以前我生他們幾兄弟的時候，家裡哪有什麼錢啊?結果呢?該給的哪樣有少給他們嗎?還不是個個養到這麼大?」

又來了，又在講自己八百年前帶小孩的方式了。

如果可以，玉娟真的很想對著婆婆大吼:「以前是以前，現在是現在，拜託妳不要再講以前怎樣、現在怎樣了好嗎?」不過這些話，她當然只能吼在心裡。

隔了幾天，玉娟帶著寶寶跟大學時代的學姐約了吃飯，聊著聊著，玉娟開始大吐苦水，抱怨起婆婆最近咄咄逼人的言行。學姐比玉娟早結婚，兩個孩子都上小學了，婚姻這條路跟婆媳過招的問題，她算是過來人。

聽完玉娟一長串的抱怨，學姐只笑笑地問玉娟：「如果今天要妳再生一個的，是妳娘家媽媽，不是婆婆，妳會怎麼樣？」

玉娟有點愣住了，她不明白學姐問她這個做什麼。

「我媽？我媽才不會像我婆婆這樣咧，只管自己想抱孫，完全不考慮兒子媳婦的狀況，有夠自私的！」

「玉娟，這是妳自己預設的立場，妳怎麼知道，如果今天換成是妳娘家的情況，妳媽媽不會變成另一個催媳婦生小孩的婆婆呢？」

「預設立場？我預設什麼立場？」

「因爲妳目前不想生，所以一聽到婆婆要妳再生，反彈的情緒就先出來了，然後所有她催妳生小孩的話，聽起來就格外刺耳。妳婆婆的方法是激進了點沒錯，但是妳有冷靜下來思考，她勸你們再生一個的背後原因，還有妳自己一直喊著不想生的真正理由嗎？」

玉娟語塞了，的確，這陣子只要一聽到婆婆的聲音，她就沒來由地感到煩躁，再加上老公也只會叫她忍，所以這陣子，玉娟常感到孤立無援，心情非常低落。

「當初我生完老大才半年，婆婆也是一直催我再生，講的也跟妳婆婆差不多，什麼要帶一起帶啦、兩個差太多歲玩不起來啦。那時候聽到這種話，真的覺得很煩很煩！」

「是喔？那妳怎麼跟妳婆婆說？」

「當然不是我說啊，我全推給老公去擋，不過也才沒擋幾個月，我家老二就意外來報到了。等到老二真的出生，兩個漸漸長大開始會玩在一起了，我還真的體會到婆婆當初講那些話的含意。」

學姐這番話讓玉娟有些詫異，她沒想到，原來她現在經歷的，學姐也經歷過。

「我說這些，不是要鼓勵妳一定要再生，生不生老二，只要妳跟老公能達成共識就好。至於長輩說的話，其實或多或少都有他們的用意在，只是因爲說話的口氣不是妳能接受的，妳有這些情緒也是正常的。不過與其跟婆婆過不去，妳倒不如花時間跟老公好好討論，有什麼方法或說法，能讓他私下說服婆婆，多少理解你們目前的立場，別再那麼積極地催你們生小孩。」

「這樣，真的有用嗎？」玉娟還是有點半信半疑。

「沒試過，妳怎麼知道呢？別忘了，妳老公總是婆婆的兒子，就算她再怎麼不能接受，也不會跟自己的兒子不開心多久的。」

吃完這頓飯，玉娟覺得自己心情好多了，雖然她沒有把握，學姐給的建議有沒有用，但至少先試了再說嘛！

孩子生了給誰帶
也要請示婆婆

我想自己帶，婆婆卻不准

雅婷結婚五年，因爲子宮內膜異位的問題，婚後和老公建華求醫好久，才如願懷孕。

努力了五年終於傳來好消息，全家上下都很高興，婆婆更是熱情主動地表示，等寶寶出生，可以幫忙帶小孩，讓夫妻倆安心上班。不過因爲離生產還有一段時間，雅婷也只是先笑笑地回應婆婆，等過一段時間再說。

由於本身體質就不容易懷孕，所以雅婷對這個得來不易的ＢＡＢＹ格外珍惜，從得知懷孕的那一刻起，不管是生活作息還是孕期飲食，她都特別小心注意，胎教育兒的書，更是一本接一本的看，相關資料看得越多，她想自己照顧ＢＡＢＹ的念頭就越強烈。趁著一次產檢的機會，雅婷決定把她的想法提出來跟老公討論。

「老公，如果我跟你說，生完我想自己照顧BABY呢？」

「自己顧？那妳工作打算怎麼辦？」

「現在不是有育嬰假可以請嗎？聽說那還可以領六成薪耶！要不然跟公司商量留職停薪也可以嘛！寶寶那麼小，你捨得把他交給媽或是外面的保姆嗎？」

「如果妳願意自己照顧，當然比別人帶好啊！但要養小孩，若再少了一份收入，我們要再算一下開支喔！」

「這我知道，不過你想想，寶寶托給別人帶，不也是一筆支出嗎？我如果可以自己帶，就省下保姆費啦！我們生活再省一點，應該沒什麼問題。」

「嗯，妳這樣講也是有道理。」

「那如果你不反對的話，我就先去探一下公司口風喔，看怎麼樣我再跟你說。」

得到老公的同意，雅婷十分開心，她興致勃勃地開始安排自己帶小孩的計畫，也從公司人事那邊打探到，有幾個女同事請完育嬰假再重返崗位，工作完全不受影響，這讓雅婷請育嬰假的決心越來越堅定。

這個週末，雅婷跟老公回婆家吃飯，才剛踏進婆家門，婆婆就興高采烈地拉著雅婷坐下，關心她懷孕的近況，然後拿出好幾件替寶寶準備的衣服玩具給媳婦看。

「雅婷哪，妳看，這雙小鞋子是我跟妳爸逛百貨公司時看到的，可愛吧！」

「這些衣服啊，是隔壁王媽媽家的孫子穿不下的，小孩子要穿別人的舊衣才會比較好帶！」

婆婆的好意，讓雅婷心頭暖暖的，她沒想到寶寶才只在肚子裡，奶奶就這麼關心他了。

「還有這個玩具啊，那個售貨小姐說寶寶會坐就能玩了，不過這玩具有點大，我看放我們這好了，反正之後寶寶我帶，有些東西放這邊比較方便。」

糟糕!雅婷覺得有點不妙，好像還沒跟婆婆講，她想自己帶小孩的打算。

「媽，我忘了跟妳說，雅婷前陣子有跟我提過，如果可以，她覺得自己帶寶寶也不錯耶！」怕婆婆不高興，老公說得很婉轉。

「自己帶?那妳工作呢?不做啦?」婆婆很是詫異。

「媽，現在政府爲了鼓勵生育，有育嬰假的政策，或是我申請留職停薪也可以。我有幾個同事就是請育嬰假，等孩子大一點可以上托兒所了，她們再回去上班，不影響工作的。」雅婷小心翼翼地解釋。

沒想到婆婆聽了，更不能接受。

「幹麼那麼麻煩啊！生下來我幫妳帶就好啦！妳就不用在那邊請假來請假去的，而且我們住得這麼近，妳還怕看不到小孩嗎？看你們是想每天晚上把寶寶帶回去，還是放假再帶回去，我都可以啊！不用請什麼育嬰假啦！那都嘛是政府喊出來騙人家生小孩的。」

婆婆的態度，讓雅婷有些緊張了，她用眼神暗示，希望老公再幫她講些什麼。

「媽，帶小孩那麼累，我們都不想妳太操勞啊！如果雅婷自己帶，妳也輕鬆嘛！想寶寶的時候，看是雅婷帶回來，還是妳到我們家坐坐，都行啊。」

「帶自己的孫子，怎麼會累？我看是你們嫌我年紀大了，怕我帶不好吧？」婆婆的語氣，越來越不開心。

「媽，不是這樣啦！我就只是覺得，自己的小孩應該自己帶嘛！而且就像建華說的，帶小孩那麼累，我怎麼可以都丟給妳一個人。」

「對啦，寶寶是你們的小孩，就不是我的孫子就對了，現在我這個奶奶想幫忙帶孫，還要看你們夫妻臉色才行啊？」婆婆越來越不高興，口氣也越發不好。

雅婷訝異於婆婆的反應之餘，其實也不太高興了。她沒想到，平時還算和氣的婆婆，在講到跟寶寶有關的事情時，會這麼堅持、這麼難溝通。更沒想到，婆婆會這麼反對她自己帶小孩。

「可是，這是我自己的小孩啊！爲什麼我想自己帶，還要經過妳同意？」雅婷默默在心裡想著。

眼看氣氛越來越僵，公公連忙打圓場。

「好啦，老太婆，妳急什麼呢？離雅婷生產還有好幾個月的時間，這件事可以再慢慢討論嘛。」

不愉快的話題，是就此打住了。但雅婷卻因爲婆婆剛才一長串的話，憋了一肚子氣。

※

這晚回到家後，雅婷忍不住對著老公大發牢騷。

「媽今天那樣講是什麼意思啊？一副寶寶不給她帶，就要跟我們翻臉的樣子。這是我的小孩耶！爲什麼我想自己帶，還得經過她同意啊？」

「老婆，不是這樣啦！媽是疼孫嘛！所以想自己帶，也好讓我們安心上班啊！」

「安心上班？你覺得她今天這種反應，我能安心把寶寶托給她帶嗎？才不過是跟她提我有想自己帶的打算，她就氣成這樣。如果真的給她帶了，我看以後跟寶寶有關的大小事，她都不會讓我作主。」

「沒這麼嚴重啦，妳想太多了。」

建華的安慰，對雅婷來說不但沒用，反而讓她聽了更是一肚子火。

「對啦，是我想太多，你就什麼都不用想好了啦，反正一切都是我窮緊張，這樣可以了吧？」

接著下來幾天，雅婷和老公陷入冷戰。

雅婷不明白，老公爲什麼不懂她想自己帶寶寶的決心，而且明明講好讓她去問請育嬰假的事，但是婆婆那天一發脾氣，老公就好像妥協了似的。

建華也不明白，媽媽的一片好意，老婆爲什麼不領情，回到家還莫名奇妙地對自己發了一頓脾氣。

夫妻倆就這麼僵了好幾天。

※

這天中午，雅婷到公司附近的簡餐店午餐，遇到了好幾年沒見的大學同學曼菁，她正帶著小孩準備用餐。

「曼菁，好久不見！」

「雅婷！真巧，妳怎麼在這邊？」

「我公司就在附近啊，這妳女兒嗎？好可愛啊！」

曼菁的女兒剛滿一歲，揮舞著胖胖小手跟雅婷打招呼，煞是可愛。

「哈哈，對啊。可愛是可愛啦！鬧起脾氣來喔，超級可惡的啦！」曼菁低頭看到雅婷隆起的肚子，「哇…妳也要當媽媽啦，恭喜妳！」

老同學好久沒見，又都是當媽媽的人，雅婷跟曼菁於是邊吃邊聊，聽到曼菁生完小孩後就辭去工作當全職媽媽，雅婷好生羨慕。

「真幸福，可以自己帶小孩耶，我也好想跟妳一樣喔。」

「那妳呢？生完寶寶誰帶？」

雅婷正為這件事煩惱，於是把前幾天在婆家發生的事跟曼菁說了。

「真搞不懂我婆婆在想什麼耶，我想請育嬰假，自己帶小孩，她反應大成那樣幹麼？還說什麼我們嫌她年紀大帶不好，我哪有那個意思啊！」

「天下的婆婆都是一樣的啦，我當初決定把工作辭掉當全職媽媽，我婆婆也是唸了好久。什麼少一份收入，我老公會很辛苦啦、她好心要幫我們帶小孩，我們不領情啦。講得都跟妳婆婆差不多。」

「所以妳說這些婆婆是不是很奇怪，搞得好像我們凡事都要經過她們同意才行。那妳後來怎麼說服妳婆婆啊？」

「我啊，我讓我老公自己去處理，要他去跟他媽說，是他要我把工作辭掉帶小孩，哈哈哈。」

「好聰明的方法喔！我怎麼沒想到！」

「不過雅婷，妳確定妳是真的想要自己帶小孩嗎？」曼菁突然這樣問了一句。

「當然啊，妳怎麼會這樣問？」

話才剛說完，原本乖乖坐在寶寶椅的曼菁女兒，突然把水打翻了。曼菁連忙把小孩抱起清理桌面、替女兒擦拭。邊忙還不忘繼續剛才的話題。

「妳看，帶小孩出門就是這樣，能讓妳好好吃半小時飯，就很謝天謝地了。在家忙家事、應付小孩，也沒輕鬆到哪去。妳現在上班還有午休喘口氣的時間，當全職媽媽可就沒有嘍！」

雅婷還想多跟曼菁聊些什麼，寶寶卻突然大哭了，再加上午休時間也差不多要結束了，兩人只好匆匆道別。

中午和曼菁的巧遇和談話，讓雅婷整個下午都陷入思考。尤其是看到曼菁因爲帶著小孩，連午餐都沒辦法好好吃，雅婷這才了解，爲什麼曼菁會問她，是真的想自己帶小孩嗎？二十四小時待命的全職媽媽生活，和她想像的落差原來這麼大啊！

這天下班回到家，雅婷還在想要怎麼化解僵局時，老公就主動跟她道歉了。

「老婆，不要生氣了，是我不好，沒有先跟媽講妳想自己帶小孩，她才會一聽到反應那麼大，對不起啦！」

「我也有不對啦，那天回來對你那麼兇。我不是生你的氣，只是媽的反應讓我嚇到，一時心急才會那樣。」

夫妻倆態度都放軟了，溝通起來自然也容易很多，雅婷把中午和曼菁的巧遇及聊天內容都講給建華聽。她告訴建華，或許是自己把全職媽媽的日子想得太輕鬆美好，一股腦地憧憬二十四小時和寶寶相處的生活，所以那天婆婆的反應才會讓她這麼不開心。其實冷靜過後想想，婆婆也是出自好意，而且帶小孩這麼辛苦，婆婆主動表示肯幫忙，她應該心存感激才是，但是……

「我還是想試著自己帶耶，至少請個半年育嬰假看看。」

「妳不怕太累？中午妳不是才被大學同學的女兒嚇到？」

「說不擔心是騙人的啦！但是，再累那也是自己的小孩啊！只是我想，我們換個方式跟媽溝通。」

「換方式？怎麼換個方式？」

「反正做月子是在她那邊做，就跟她說，趁做月子這段期間，我多跟她學習帶小孩的方法，等預定的產假結束，我再接手自己帶寶寶。再加上醫生也建議我們，母奶至少要餵六個月，對寶寶健康較好，我剛好請半年育嬰假方便全母乳，換這樣的方式跟媽說看看。」

「嗯，這樣說法婉轉一點，出發點也是爲了寶寶好，媽應該比較能接受。」

※

隔了幾天，雅婷夫妻回婆家，一進門，夫妻倆先爲了上次的事跟婆婆道歉。然後，照前幾天跟老公討論出來的說法跟婆婆商量，當然沒有忘了補上這句結論

「剛好半年的育嬰假，寶寶可以喝滿六個月的全母奶，對他健康很有幫助，媽覺得怎麼樣？」

「你們都這樣說了，我再反對下去，不就顯得我不盡人情了嗎？不過我可先說好，如果妳帶到不想帶了，絕不能丟去給外面的保姆或托嬰中心啊！無論如何，寶寶都還有我這個奶奶在喔！」

「媽，妳放心，寶寶除了是我們的小孩，也永遠是妳的寶貝孫子啊！等育嬰假結束，到時候我才要再麻煩您呢！」

「不麻煩！不麻煩！想煩我多久都可以！」

一場因爲寶寶差點掀起的婆媳之爭，總算是和平落幕了！或許之後還會因爲育兒的事，跟婆婆有意見分歧的狀況產生，但這次的經驗讓雅婷學到，與其花時間去跟婆婆爭誰是誰非，不如動腦筋思考，有哪些方法能不傷長輩自尊，又能軟性堅持自己的做法。

為了孩子，婆婆要我辭工作

小芬今年三十五歲，結婚剛滿一年，因爲已經是高齡產婦的年紀了，所以和老公東明婚後就努力做人，希望能快點有好消息。兩人也很幸運，才慶祝完結婚週年，小芬就發現自己懷孕了，公婆知道後也非常開心，尤其是婆婆，高興之餘更是關心小芬，三天兩頭就撥電話來。

「小芬哪，十二點多啦，吃中飯沒？」

「媽，我還在忙耶！等等就去吃了。」小芬一手拿著電話，還空出一手敲打著鍵盤。

「還沒吃？這怎麼行！妳跟寶寶可都不能餓著耶，快去吃快去吃！」

「知道了，我等等就會吃了，媽妳別擔心喔，我先忙，就這樣。」

小芬一出社會就在這家外商公司工作，薪水福利一直都不錯，但相對地工作時間也長、壓力更是不小，常常一忙起來就沒時間吃飯，加班更是家常便飯。所以有好幾次婆婆打來，小芬不是還沒吃飯，就是留在公司加班。

「小芬哪，到家沒？今天工作累不累啊？」

「媽，我快忙完了，等等就回去了。」

「妳還在公司？都幾點了啊？你們公司想累死人啊？」

「媽，沒事啦！剛好最近有個專案，所以比較忙，我很快就回家了。」

「妳這樣子怎麼行？每天不是沒空吃飯就是加班的，妳是孕婦耶！孕婦沒有好好休息，對健康影響很大的！」

小芬就已經爲工作忙得焦頭爛額了，耳邊還要應付婆婆這一長串的嘮叨，心情難免煩躁，她用僅存的一點耐性，壓抑心中的不耐煩。

「媽，沒事啦！我再一下就好了，剛剛也吃過晚飯了，沒什麼好擔心的。快七點半了，我先不跟妳講了，忙完我馬上就回家了喔，媽再見。」

電話這頭的婆婆，話還沒說完，就被媳婦匆匆掛了電話，感覺自然不是太好受。再加上這幾次打給小芬，她要不就是餓著肚子趕工作，要不就是七晚八晚還在公司加班，「再這樣下去，身體怎麼吃得消喔！」小芬婆婆越想越不對勁，她覺得應該好好替媳婦盤算盤算。

※

這個週末，婆婆特地準備了一桌好菜，要小芬和東明兩夫妻回去，說是給媳婦補補身子。

邊挾菜給小芬，婆婆一張嘴也沒閒著。

「小芬哪，吃點魚，這魚早上市場買的，新鮮得很。」

「還有這個菠菜炒豬肝，補血最好了，多吃點。」

小芬辛苦工作了一個禮拜，其實六、日只想睡到自然醒，然後癱在家裡舒舒服服的休息。婆婆的關心，小芬當然知道，但對此刻的她來說，耳邊響起的每一句話，聽起來都像是打擾。

「媽，我自己來就好，妳別忙了。」

「妳喔，每天工作都那麼忙，也不按時吃飯，這樣下去怎麼得了。」

婆婆的話還是沒停，怕老婆受不了媽媽的碎念，東明趕緊替老婆講話。

「媽，小芬在這家公司待這麼久了，早就習慣這樣的工作方式了，也做得很順手，妳別替她擔心啦！」

「以前她是一個人耶，現在肚子裡還有一個，要怎麼跟以前比？都要當媽媽的人了，自己要會想一點。」

婆婆最後那句結論，讓向來都耐著性子回話的小芬，再也抑壓不住心中的怒火，她臉色一沉放下碗筷，跟公婆說她吃飽了，就往客廳沙發一坐。

氣氛頓時變得好尷尬。

「媽，小芬最近害喜，胃口不太好，所以吃不多啦！」東明怕媽媽生氣，連忙替老婆打圓場。

忙了一早上才煮出這桌菜，卻換來媳婦冷淡的回應，小芬婆婆自然也高興不到哪去，她索性直接坐到小芬身邊。

「吃不下沒關係，那耳朵總有空聽我說吧。」

小芬真想求婆婆饒過她，讓她好好靜一下。

「妳的工作時間實在太長了，現在還是懷孕初期，所以妳覺得沒關係。但接下來等肚子越來越大，妳體力越來越差的時候，妳就知道媽現在在擔心什麼了。」

「沒這麼嚴重好不好，我們幾個同事也是這樣工作到生產啊！生完小孩再回去工作，沒聽過有人出什麼差錯的。」小芬真的再也無法好口氣了。

「等出差錯就來不及啦！別人可以平安工作到生產，不代表妳就沒問題，我看妳乾脆把工作辭了，專心在家安胎，其他等生完再說。」

小芬簡直不敢相信自己的耳朵，有沒有搞錯？婆婆居然開口要她把工作辭掉！

她正想開口反駁婆婆時，老公出聲了。

「媽，沒什麼事，妳要小芬辭工作幹麼呢？再說她從知道懷孕開始，一直都很注意自己的身體狀況，每次產檢醫生也都說寶寶很健康啊，妳太緊張了啦！」

「你知道我有多少次打給她，她都還在忙，吃飯時間在工作、下班時間也還在工作，跟我說她有多注意身體狀況，我才不信咧！要妳把工作辭了是為妳好，妳去看看有誰家的婆婆肯讓媳婦這麼輕鬆，只管照顧好身體，其他什麼都不用管的。」

東明了解母親的個性，知道再跟她辯下去是沒有用的，只好先藉口晚點還跟朋友有約，把小芬帶離隨時可能爆發衝突的現場。

※

才出婆家大門，小芬立刻把老公手甩開。

「老婆，妳幹麼？」

「幹麼？我才要問你，你媽在幹麼？叫我把工作辭掉？到底憑什麼啊！」

「不要生氣嘛！對啦，她是太緊張了一點。不過妳也知道，她是擔心妳跟寶寶的狀況，再加上捨不得妳工作太累，才會提出這種要求嘛！」

「擔心？她真的很擔心沒錯！你知不知道我一天要接她幾次電話？中午問我吃飽沒？晚上問我下班沒？她是嫌我工作不夠累嗎？」

小芬連珠炮似的，把這陣子在婆婆面前承受的壓力，一股腦地全發洩出來。

「說什麼為我跟寶寶著想，我看她擔心的只有她的寶貝孫子吧！講得那麼好聽。」

「妳怎麼這樣講話呢？媽如果不擔心妳，今天何必煮那一大桌的菜，特地要妳回來吃。」小芬對母親的抱怨像是停不下來似的，東明聽久也不太高興了。

「還有啊，她要唸妳就給她唸，裝沒聽見不就好了，一不高興就自己坐到客廳去，媽也沒跟妳生氣，妳自己在火大什麼？」

「對對對，都是我小心眼，你媽肚量最大，最替我著想，是我這個做媳婦的不懂事，這樣可以了吧？」撂下這句話後，小芬掉頭就走。

她簡直要氣炸了！沒想到老公不但沒有站在自己這邊，還反過來責怪她對婆婆態度不好。

就算我態度不好，也是被你媽逼的啊！每天電話轟炸不說，居然還要我把工作辭掉專心安胎，這是我的工作、我的人生耶！她憑什麼替我作決定？

另一邊的東明，心情也好不到哪裡去，他知道媽媽提出要小芬辭工作的要求是唐突了點。但，好好跟老人家說不行嗎？有必要氣到飯也不吃，自己跑到客廳生悶氣嗎？更何況他都已經在媽媽面前替老婆講話了，小芬有什麼好氣的？難怪人家會說，懷孕的女人脾氣特別暴躁，這句話真是所言不假。

※

離開婆家後的小芬，心情真是糟透了，一時之間她也不知要到哪去，乾脆去看看肚子裡的寶寶吧！上週產檢時，醫生說快的話，這幾天就可以照到心跳了，看到健康的寶寶，或許心情會好一點。

※

來到婦產科掛好號，小芬在診間外頭等候，坐在她旁邊候診的，也是一個人來的媽媽，肚子看起來大得嚇人，小芬忍不住好奇問她：「請問妳現在幾週了？」

「三十八週嘍！醫生說快的話，隨時都會生呢！妳呢？看起來才剛有吧？」

「對啊！今天才要來照心跳，看看能不能領到媽媽手冊。」

「一定沒問題的，別擔心。」

「謝謝！」小芬感激地笑了笑，「肚子這麼大，走路很不方便了吧？」

「是啊！現在行動超緩慢的，做什麼都要花加倍時間，不過還好快『卸貨』了。」

「這樣上班一定很辛苦吧？」

「這點倒是還好，我目前沒在工作。因爲懷孕沒多久，我就跟公司申請留職停薪了。沒辦法，初期一直出血，安胎假一直請也不是辦法，乾脆先把工作放下，專心安胎。寶寶的健康比什麼都重要！」

「這麼嚴重啊？」小芬很訝異，因爲她身邊的同事朋友，每個都平平安安工作到生產，原來還真的有像婆婆擔心的這種狀況產生。

「是啊！那時醫生警告我，再不休息安胎，寶寶可能都要保不住了。我嚇到趕緊跟公司申請留職停薪，也還好我婆婆蠻體諒我的。」

「妳婆婆？那是妳的工作，妳想做就做，想留職停薪就留職停薪，幹麼要婆婆體諒？」小芬有些不以爲然。

「是沒有關係，但婆婆的態度會影響我們心情啊！我有個同學因爲狀況跟我很像，醫生也是要她請假休息。結果咧！才請個幾天假，她婆婆就唸到不行，說什麼自己以前也是大著肚子一樣下田工作，還不是生了好幾個都沒事。我們懷孕就夠辛苦了，如果在擔心寶寶狀況時還要聽婆婆講這種話，不是真的很痛苦嗎？」

小芬還想再聊些什麼，候診的燈號響了。

「啊！輪到我看了，我先進去嘍！」這位很健談的媽媽笑著跟小芬道別。

一個人坐在候診椅上，小芬回想著剛才的聊天內容。原來，婆婆的擔心不是沒有理由；原來，真的有不支持媳婦在家裡安胎的婆婆；原來，不是只有她在自己想過的生活跟婆婆的觀感間拉扯，想到這，小芬突然心情開朗了不少。她也頓時領悟到，從選擇步入婚姻開始，自己就不再是一個人了，所以做的任何決定，也不可以是自己覺得好就好，更何況…

「我現在是媽媽了，應該要更有智慧地去處理跟奶奶之間溝通的問題，對不對啊？寶寶。」小芬摸摸肚子，在心裡這樣對寶寶說。

※

這晚，小芬拿著媽媽手冊及剛照到寶寶心跳的超音波給東明看，她告訴東明「醫生說寶寶一切正常，健康活潑。所以，我還是會照常工作。但是，我會把媽的叮嚀放心上，吃飯時間到了就按時吃，不再讓她打來催我吃飯。每次產檢完也會跟媽報平安，讓她安心。只要醫生建議我請假安胎，我一定立刻照做，把寶寶的健康擺第一位。」

東明本來就沒有像母親一樣，希望小芬辭職安胎，只是下午小芬情緒太不穩定，淨對著他發脾氣，他根本也沒辦法好好說。現在小芬平心靜氣地跟他溝通，他除了感動，也很支持小芬的作法。

隔天，東明跟小芬再回去婆婆家一趟，他們先把超音波照片給公婆看，讓兩老知道寶寶一切平安健康，生長的也非常好。然後，把小芬打算繼續工作的決定告訴婆婆，夫妻倆一起向公婆保證，絕對會把寶寶的平安健康放在第一位，遵照配合醫生的所有指示。

「媽，昨天醫生也說了，我跟寶寶的狀況都非常好，根本沒有辭職的必要。只要醫生吩咐我必須請假安胎，我一定二話不說就請，不會讓妳擔心，好不好？」

婆婆雖然還是有點放心不下，但看到兒子媳婦爲了這件事，特地又跑回家一趟，媳婦還這麼好口氣地跟自己溝通。

「好吧！工作的事就先依妳，但是，妳要答應我會好好照顧自己跟寶寶喔！」

「會的！會的！謝謝媽！」

孩子我生的 凡事卻不能作主

剖腹還是自然產，都得聽婆婆的？

佳華懷孕八個多月，因爲是第一胎，又是婆家第一個孫子，所以公婆都很在意她跟寶寶的狀況，雖然夫妻倆跟公婆不住在一起，但只要回婆家，一定就是滿滿一大桌佳華愛吃的菜，因爲體恤她大著肚子行動不便，懷孕後婆家的事也都不用她幫忙。

佳華跟老公國樑如果沒空回去，婆婆噓寒問暖的電話也不會少，婆婆對自己和寶寶的付出，佳華其實都知道，也心存感激，但時間一久，這麼無微不至甚至有些緊迫盯人的關心，開始讓她覺得壓力有點大。

只要天氣一冷，她就等著接到婆婆叮嚀多穿一點的電話；新聞播出什麼食品安全又出了問題，也會急著打來要佳華留意，絕對不能吃到相關產品，因爲知道婆婆是出自好意，雙方又都沒住在一起，這林林總總有些過度的關心，都還在佳華能接受的範圍之內，即使偶爾有些不耐，她也都選擇笑笑帶過，不傷雙方和氣。但沒想到，越接近生產時刻，佳華和婆婆間的認知差異，好像越來越明顯。

這個週末因爲要產檢，佳華夫妻早早就告訴公婆不會回去，產檢結束，兩人才想回家好好休息，卻接到婆婆的電話，告訴他們再過半小時就會到家裡看看佳華和寶寶，要他們別出門。已經因爲產檢久候有些疲累的佳華，此時忍不住有些埋怨了。

「媽他們怎麼說來就來啊？不是都打電話說過，這禮拜不回去了，就不能讓我們好好休息嗎？」

「妳也知道媽就愛窮緊張嘛！她一定是想說，要親眼看到妳跟寶寶健康平安才放心啦！而且爸媽應該只是坐一下就回去了，不會待太久啦！」國樑摟摟佳華的肩膀安撫她。

※

回到家東西才剛放下，門鈴就響了，國樑連忙去開門。

「爸媽，天氣這麼熱，你們怎麼還特地跑這一趟呢？快進來，快進來。」

「還不都是妳媽，都跟她說了你們今天要去產檢，還堅持要來，她說要親眼看到媳婦、孫子才安心。」

「媽，我跟寶寶都很好，妳別擔心啦！」佳華邊說，邊伸手要幫忙提公婆手上的東西。

「不用不用，妳去坐著就好，肚子這麼大了，妳顧好自己跟寶寶就行。」婆婆揮揮手，不要佳華幫忙。

婆婆果然又去市場買了一堆水果、熟食，準備給佳華夫妻這個週末吃的。忙裡忙外了好一會兒，婆婆才有空坐下來跟佳華聊天。

「今天產檢情況還好吧？」

「很好啊！下個禮拜就足月了，醫生還開玩笑地說，過了下個禮拜，隨便我想挑哪天生都行。」

「那就好，不過媽跟妳說，生小孩日子絕對不能亂挑。出生時辰跟八字是息息相關的，這影響可是一輩子的喔！」

「媽，這妳不用擔心啦！我們又沒有要剖腹產，根本不用算什麼時辰啊！」國樑一派輕鬆，覺得媽媽想太多。

「沒有要剖腹？佳華妳要自然產啊？」

「對啊！寶寶胎位和體重都很正常，根本沒有剖腹的必要啊！而且醫生也說，寶寶出生時如果有經過產道擠壓，對肺部發展比較好。」

「算好日子去剖腹不是比較好嗎？挑一個吉祥的時辰跟醫生約好，妳輕鬆寶寶又能好命，有什麼不好？」

「媽，命好不好不是算日子算出來的啦！我跟國樑不信這個。」佳華笑著回應。

「你們年輕人就是這樣，這種事不能鐵齒的，不是你們說不信，就沒關係的耶！」婆婆對夫妻倆淡然的態度，很不以爲然。

婆婆的反應，讓佳華有些吃驚，她沒想到，婆婆居然會在意這個。

國樑怕媽媽不高興，試圖緩頰。

「媽，當年妳生我們，也都是自然產啊，也沒算什麼時辰，妳看我們個個不都長到這麼大。」

「那是當年沒有剖腹這種事，如果有，誰要傻傻地痛那麼久啊？還有，你妹從小就是八字太輕，身體才那麼不好，小時候體弱多病，吃了多少苦。所以我才要佳華挑個好日子、好時辰去剖腹，是替你們著想你們還不知道！」婆婆越說，口氣越不好，話裡有一種「好心被雷親」的不滿。

「好啦，老太婆，國樑佳華都不是小孩子了，要剖腹還是自然產，他們自己會有想法，妳就別操心了。」公公怕衝突擴大，也跳出來說話「不早了，佳華應該也累了，讓她休息吧，我們回去了。」

「回去？我話還沒講完耶！」婆婆還想說服佳華夫妻，一點也沒想回去。

「先走啦！妳不累，我都累了，放我回家休息，行了吧？」

佳華從沒有這麼感激公公過，她勉強擠出笑容送公婆到家門口，門一關上，她再也無法好脾氣地對著國樑說：「我跟你說，除非醫生建議，否則我就是堅持要自然產。什麼算好時辰，寶寶命才會好，都什麼年代了，媽還有這種觀念。」

「她就只是唸唸而已啦！妳別放心上，整個下午妳都沒有休息到，先去睡一下吧！」國樑體貼地安撫老婆。

但他們萬萬沒想到，剖腹產這件事，婆婆不只是唸唸而已。

※

當晚公婆回到家，婆婆立刻又打來了。

「國樑啊，媽下午跟你們提的事，不是只有說說而已喔！佳華那邊你要幫媽勸勸她，我好方便趕緊找人算日子喔！」

國華有些緊張了，他沒想到母親這麼鍥而不捨，都回到家了還不忘打電話來叮嚀。「媽，不用這麼麻煩啦！還要找人算日子。佳華就自然產就好，寶寶自己會挑要出來的時間的。」

「你這孩子，我下午講那麼多，還聽不懂是不是？就已經跟你們說算日子出世，對寶寶比較好，怎麼還這麼堅持呢？」

「媽，不是這樣啦！醫生有說啊，佳華跟寶寶一切正常健康，根本沒有剖腹的必要，妳又何必要她去挨這一刀呢！」

「現在有麻醉不是嗎？就算佳華去挨這一刀，麻醉了有什麼感覺？我真的不懂你們在排斥什麼？」國樑母親越說越激動，「算一個吉利的時辰讓寶寶出生，有什麼不好？佳華呢？你叫她來聽電話，我自己跟她說。」

國樑怕老婆跟母親講電話會起衝突，不敢叫老婆來聽，「媽，佳華在睡覺，晚點她起來，我會再把妳的話轉告她的。」

「你可真的要講啊，不要只是敷衍我而已」國樑母親不放心地叮嚀，再三交代後才掛上電話。

佳華其實根本沒在睡覺，老公跟婆婆的對話，從頭到尾她都聽得清清楚楚。電話掛上後，她沒好氣地問國樑。

「媽是打來要你勸我剖腹的吧？」

「也不是啦！她只是問我們要不要再考慮一下。」怕老婆生氣，國樑講得很婉轉。

「不用！我一秒鐘也不考慮！告訴你，我、就、是、要、自、然、產！」佳華特別加重語氣，強調自己的決心。「我不管啦！媽那邊你自己想辦法去搞定，我幾乎每天接她電話已經夠煩的了，這件事你別想再推到我身上。」佳華轉頭就進房間，不想理會國樑。

※

隔天早上，這兩夫妻什麼也沒說，就各自上班去了。今天下班後，佳華跟幾個同事約好，要去看同部門剛生產完的同事琇琇。

琇琇才剛生完兩天，所以還住在醫院裡，佳華一行人去探望時，她正剛吃完月子餐，氣色看起來還不錯。

「琇琇，恭喜妳喔！我們剛去育嬰室看到寶寶了，好可愛喔！」佳華從昨晚不開心到今天，看到琇琇的寶貝女兒後，鬱悶的心情總算一掃而空。

「謝謝，再過幾個禮拜就換妳啦！相信妳的寶寶一定也很可愛。對了，妳在哪生啊？」

「就我家附近的那間醫院啊，一開始產檢都在那裡，醫生也很細心，我跟國樑對他都很放心。」

聊到一半時，琇琇的醫師正好來巡房。

「哇！今天好熱鬧，朋友來看妳啊？」醫師看起來很和氣，「李太太，今天感覺怎麼樣？」醫師親切地問著琇琇。

「都很好，早上都下床走好幾次了。」

「自然產就是有這個好處啊，恢復地快，對媽媽寶寶都好嘛！明天就可以跟寶寶一起回家啦！恭喜妳！」

「謝謝醫生！」

聽到琇琇是自然產，又聽到醫生提到自然產的好處，佳華忍不住請教了醫生

「醫生，請問你，自然產的好處真的比剖腹產多嗎？」

「以併發症來說，當然是自然產的併發症少啊！」

「併發症？」佳華有點聽不太懂。

「自然產的胎兒，肺部的羊水會因爲產道的擠壓排出，所以一出生就可以自己呼吸，但剖腹產因爲是直接從子宮取出，所以容易引發新生兒呼吸窘迫的狀況，這種情況就可能造成寶寶有肺動脈高壓的併發症。」琇琇的醫師解釋地很詳盡。

「哇，差這麼多啊！」佳華原本想要自然產，單純只是因爲自己的醫生說沒這個必要，所以她不想動刀，沒想到原來自然產的好處這麼多。

琇琇的醫師看看佳華的大肚子，笑著問她：「這位媽媽是還在考慮自然產還是剖腹產嗎？」

「不是啦，其實我已經決定要自然產了，我的醫師也說我和寶寶的狀況都很健康，沒有剖腹的必要。是我婆婆啦！說什麼小孩子算時辰出生會比較好，要我挑個日子去剖腹。」

「台灣人就是還有這種觀念，所以剖腹產率才那麼高。其實妳下次產檢時，可以帶著婆婆一起去，請妳的醫師當面跟老人家解釋自然產的好處還有剖腹的風險，小孩子出生的時辰好壞，絕對不會比媽媽和寶寶的健康平安來得重要吧！」琇琇的醫師給了這個建議。

「好主意，謝謝醫師！」佳華滿懷感激，回去後要怎麼說服婆婆，她心裡大概有了底。

※

再下一個週末產檢時，國樑夫妻特地約了公婆一起去，說是讓他們把握佳華生產前，看寶寶在肚子時的珍貴畫面。

婆婆果然在佳華超音波照好沒多久，就急著問醫師：「醫生啊，既然你說小孩週數夠了，那我媳婦是不是可以選日子來剖腹了？」

「剖腹？媽媽跟寶寶狀況都很健康啊，順其自然讓寶寶自己挑出生的日子就好了，不需要剖腹啦！」醫生笑咪咪地解釋。

婆婆當然不死心，又搬出她那套「時辰論」講給醫生聽。

醫生一樣很耐著性子告訴佳華婆婆，要剖腹或自然產，當然是家屬自己的選擇，醫師無權過問，但他必須把剖腹產可能帶來的風險，和自然產對母子雙方的好處，都詳盡解釋給孕婦和家屬聽。如果最後佳華還是選擇剖腹產，那醫師絕對會尊重他們的決定，並且全力配合。

「風險?現在剖腹的人那麼多，也很普遍，哪會有什麼風險啊?」婆婆不太相信。

接下來醫師的補充說明，和前幾天琇琇醫師的講法差不多，都是在告訴佳華他們，剖腹產對母子雙方可能引起的併發症和危險，不過醫師當然也再三強調，現在的手術都很安全，但這種機率問題，誰也無法保證。

佳華婆婆越聽越沉默，直到出了診間，都沒再說什麼，只要佳華先回家休息。

當晚，婆婆的電話就來了。

「國樑啊，媽想過了，既然佳華想要自然產就自然產吧！」

「媽，妳說的是真的嗎?妳不堅持要佳華挑日子剖腹了嗎?」

在一旁的佳華聽到了，心中忍不住暗自竊喜，這招真的奏效了！

「是啊!今天醫生都解釋地那麼清楚了，雖然現在的剖腹手術真的都很安全，但確實是有風險存在，媽不能只顧著要佳華挑好時辰，不替她跟我的寶貝孫子著想啊！」

「謝謝媽的體諒，我等等跟佳華說，她一定很高興！」

佳華從頭到尾都在旁邊，不用老公轉述，她就知道婆婆讓步了。所以國樑掛上電話後，她立刻打回去婆家，謝謝婆婆這麼爲她跟寶寶著想。佳華的懂事，也讓婆婆很開心。

全家人現在想的都是同一件事，那就是滿懷期待迎接小生命的到來。

寶寶哭了抱不抱？營養品給不給？到底該聽誰的

婉婷跟秀鳳是大學時期開始的好朋友，兩人都在這一、兩年裡先後懷孕生小孩，原本就無話不談的兩人，在一起當了媽媽之後，更是有聊不完的育兒經。不過最近兩人都爲了跟婆婆間的教養衝突，搞得心情不太愉快，於是相約一起吃飯，準備好好互吐苦水一番。

這天，婉婷早早就跟請老公先回婆家接女兒，先到了約定好的餐廳，餐都點好了，秀鳳人還沒到，她忍不住撥了電話。

「婉婷，不好意思不好意思，我在路上了，妳先點來吃，別等我了。」秀鳳滿是歉意。

「沒關係啦，妳慢慢來，我只是要確定妳沒忘了我們的約。」

「厚，難得跟老公請假一天，我怎麼可能忘記，等我，馬上就到。」秀鳳個性一向大剌剌，也很樂觀，這點是愛鑽牛角尖的婉婷最羨慕也永遠學不會的。

沒幾分鐘後，秀鳳到了。「歹勢歹勢，我兒子昨天半夜哭了好久才肯睡，我早上睡過頭，索性跟老闆請半天假，所以下午才進公司忙到好晚。」

秀鳳水都還來不及喝，就劈哩啪啦解釋一堆。

「同學，妳先坐下喝口水吧，要聊，我們今天有一整晚的時間可以聊。」婉婷笑著示意要秀鳳先坐休息。

餐點很快送來了，婉婷和秀鳳邊吃邊聊。

「妳剛剛說妳兒子昨天半夜哭好久？沒事吧？」

「沒事啦！他從出生開始就被我婆婆抱習慣了。我是在婆家坐月子的！那時候小孩只要有點哭鬧，老人家就會衝過來抱，很快就養成習慣了！所以我這幾個禮拜想調整過來，要這小鬼知道在媽媽面前哭，是不會被抱的。」

「可是，妳晚上訓練好了，白天送去婆家時，妳婆婆還不是照樣抱，這樣有用嗎？」

「只能試試看啊，唉喲！白天我婆婆怎樣帶我不管，但至少晚上回到我身邊時，讓我用自己的方式訓練吧！我真的好期待自然醒的日子喔！」秀鳳雖然這陣子都睡不好，但說話還是不減幽默。

秀鳳對自己跟婆婆的教養方法不一，這麼看得開，婉婷還蠻訝異的。

她好奇地問秀鳳「妳都不會想勸妳婆婆用妳的方式帶嗎？」

「怎麼沒有，想過也吵過啊！月子期間我快跟她吵翻了，拜託她不要小孩一哭就抱他，她反過來說我狠心，幾次下來，我覺得再吵下去真的沒意義，老公夾在中間也爲難，就自己找平衡點嘍！她的方式我無法改變，那只能調整自己的心態。妳咧？最近跟妳婆婆怎麼樣？」

「別提了，前兩天才爲了要不要給小孩吃鈣粉不愉快呢！」婉婷滿是無奈。

「吃鈣粉？吃什麼鈣粉？妳女兒不是才八個月大？」

「是不是很誇張？我婆不知道哪聽來的，說我女兒八個月了還沒長牙，應該是鈣質不夠，所以說要買鈣粉來給她吃。」

「那妳老公也覺得應該補充鈣粉嗎？」

「他啊！只要我們婆媳倆不要拿小孩的事去煩他就好，鈣粉是什麼，我看他根本一點都不想知道！」提到老公，婉婷的無奈更深了，每次和婆婆有爭執，老公就躲得遠遠的，獨留她應付婆婆。

「難怪妳心情這麼差，跟婆婆鬧不愉快就夠煩心了，老公還不站出來說點話，這真的很讓人沮喪！」同為人媳，秀鳳非常能感同身受。

「是啊！所以我這陣子跟我婆婆之間，氣氛超尷尬的。今天再不找妳出來聊聊，我真的要爆炸了！」

秀鳳同情地看著婉婷，難怪最近幾次打給她，聲音聽起來盡是疲憊。

「不過我真的要勸妳，既然決定把小孩托給婆婆帶，有些事妳自己要看開一點。像吃鈣粉這件事，妳婆婆其實是為了孫女好，只是方法妳不認同，那就想想有沒其他方法打消她的念頭。」

「我講很多次啦，她根本聽不進去，要我老公去講，他又是那副『我管不了』的樣子，我能怎麼辦？」婉婷真的無計可施了。

「吃鈣粉這種事跟健康有關，你們有當護士或醫生的親戚嗎？或是下次寶寶打預防針時，找妳婆婆一起去，讓專業的人告訴她根本沒吃鈣粉的必要。醫生的話，老人家應該都蠻聽的吧？」秀鳳給了這個建議。

「秀鳳，妳真的很聰明耶！我就知道找妳出來聊聊一定有用！好，下次打預防針就找我婆婆一起去，請醫生跟她解釋。」

「對嘛，妳與其花時間跟妳婆賭氣，不如花時間想辦法，想想還有我跟妳『同病相憐』，心情應該不至於太差吧？哈哈哈。」

秀鳳還是一貫的樂觀，而婉婷原本鬱悶了好一陣子的心情，今晚也因爲老同學的陪伴和開導，茅塞頓開了不少。兩人也說好，每隔一段時間一定要約出來聊聊，因爲，當媽這條路，實在太需要伴了啊！

婆婆是教養孩子最大的敵人

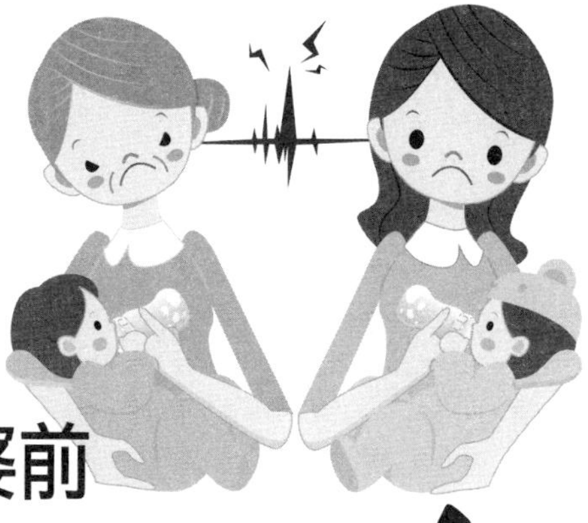

孩子託給婆婆前

先學會五「不」

Chapter 2

天下的婆婆都一樣

她「不」是針對妳

靜雯是職業婦女，生下兒子寶弟之後，爲了要能兼顧孩子與工作，便和老公商量，在產假結束後，把獨居在南部的婆婆接上台北，到家裡跟他們同住。原本以爲請婆婆到家裡住，老人家能享含飴弄孫的天倫樂，靜雯和老公也不用擔心孩子的托育問題，沒想到才幾個月的時間，婆媳間因爲教養問題起的衝突越來越多。

靜雯的婆婆個性大而化之，又都長期住在南部，所以對寶弟的照顧方式，就跟很多傳統的阿嬤一樣，覺得嬰兒吃飽睡、睡飽吃就好；而靜雯個性謹慎，做事很講求計畫，再加上受了幾本育兒書的影響，所以很堅持寶弟要照她規畫的時間表建立固定的作息模式，因爲——

「這樣大人好帶，小孩子也從小能養成規律習慣。」靜雯是這麼跟婆婆說的。

所以一開始靜雯就告訴婆婆，如果原定的吃奶時間還沒到，寶弟哭了，請她先不要去抱，但這對老人家而言，根本是不可能的事。

婆婆試圖說服靜雯「會哭就是肚子餓或尿布濕啊，妳放著不管，小孩子太可憐了啦！」

「媽，不是放著不管啦，是要讓他知道，什麼時間做什麼事，我休產假期間都是這樣，這兩個月下來，寶弟越來越習慣啦！」

靜雯這番話，聽在婆婆耳裡更是不可思議，哪有人在跟兩、三個月的嬰兒講什麼規矩的？

「你們年輕人，根本不懂帶孩子！」靜雯婆婆在心裡暗自想著。

所以，在靜雯返回工作崗位，白天把寶弟托給婆婆帶之後，老人家完全照自己的方式來照顧，沒幾天時間，靜雯發現原本她好不容易替兒子建立的作息模式，全被打亂了。

先是上班第一天回到家那晚，靜雯一開門就看到婆婆抱著寶弟來迎接，她強忍著心中的不悅，盡量口氣平緩地說：「媽，沒什麼事，妳就把寶弟放在床上，讓他自己玩。一直抱著，久了他會習慣，妳也會累的。」

「不會啦，照顧自己的孫子哪裡會累？而且寶弟也很喜歡阿嬤抱啊，對不對？」婆婆笑瞇瞇地對著孫子講話，完全聽不出靜雯話中的含意。

然後隨著照顧寶弟的時間越長，婆婆對孫子的佔有慾也越強，甚至逐漸干涉靜雯照顧孩子的方式了。

「靜雯哪，妳餵奶這樣抱，小孩子會不舒服的！」

「洗澡水溫這樣太冷了啦，感冒怎麼辦？」

不然就是在靜雯哄完寶弟睡覺後，打開房門「檢查」寶貝孫子有沒有蓋被。

婆婆緊迫盯人的態度，讓靜雯越來越受不了，她不免開始懷疑，婆婆是不是看她不順眼，所以處處針對她？

原本靜雯對婆婆講話都還算客氣，但被婆婆唸了幾次之後，她真的無法再默不作聲了，於是婆媳之間關係越來越緊張。

這個週末，靜雯的小姑惠玉帶孩子到家裡玩，順便看看婆婆。久沒看見外孫，婆婆很開心，但從惠玉跟孩子進門的那一刻起，婆婆的嘴就沒停過。

「天氣這麼熱，妳怎麼讓小孩穿這麼長的褲子？搞得滿頭大汗的！」

「妳要讓他多吃點飯啦，這麼久沒見，怎麼都沒長肉？」

靜雯有點訝異，她沒想到，婆婆連對自己女兒帶小孩的方式也意見那麼多。

小姑只是笑笑的說：「媽，大熱天的，我又大老遠地帶孩子來看妳，妳好歹也稱讚一下女兒的孝心嘛！別再給我漏氣了！」

小姑的回應，忍不住把婆婆逗笑了，「妳喔，都當媽的人了，講話正經一點！」

吃完午飯，靜雯在廚房洗碗，小姑進來幫忙，兩人邊收拾廚房邊聊天。

「嫂，妳休完產假回去上班，一切還習慣吧？」

「還好啦，媽應該比較累，白天幫我帶小孩，晚上有時怕我帶不好，她也會說要幫忙，感覺比我這個上班的人還忙。」怕小姑多想，靜雯說得比較含蓄。

「媽觀念比較傳統，帶小孩的方式也是他們那個年代的方法，妳應該還不太能習慣厚？」

「沒有啦！只是有點訝異，媽對跟小孩有關的事，還蠻堅持自己做法的。」

「我婆婆也是啊！雖然我小孩是請保姆帶的，但每次回婆家，我婆也是跟小孩有關的大小事都有得說，就跟媽剛才唸我一樣。」

「哈，難怪剛才媽唸妳，妳應付地那麼好，原來妳早就習慣了。」

「所以有時候媽講的一些話，妳就不要太在意。妳看我小孩是托給保姆的，但每次見面，婆婆都還是會管我帶小孩的方式，更何況寶弟白天都是媽在照顧，她難免佔有慾會更強一點。」

原本一直覺得婆婆針對自己的靜雯，其實在聽到婆婆唸小姑不會照顧小孩時，心裡就有點釋懷了，剛才又再聽到小姑聊自己婆婆的事，她更了解，原來，全天下的婆婆都一樣，就是會忍不住多關心晚輩的事，尤其是孫子孫女出生以後，做阿嬤的人更是覺得要提供一點自己的經驗分享，才算有關心，既然如此，她又爲什麼要把婆婆的善意，扭曲成針對自己的話語呢？

想到這裡，靜雯頓時覺得心情輕鬆不少。

婆婆的話像根刺

千萬「不」要放心上

對很多媳婦來說，跟婆婆相處，最無法忍受的，莫過於婆婆口中聽起來句句帶刺的話。要跟原本就沒有血緣關係的婆婆彼此磨合適應就夠困難了，如果還要不斷聽到那些不順耳的話，即使知道有句話叫「說者無意，聽者有心」，實在也沒辦法淡然地當做沒聽到。

尤其在生了小孩之後，有些婆婆忘記站在媳婦立場脫口而出的話語，真的會讓已經爲照顧孩子身心俱疲的新手媽媽們，覺得婆婆只是倚老賣老，過度干涉自己的育兒方式。

只是，爲了婆婆的幾句話，在情緒上跟自己過不去，甚至影響家裡的氣氛和自己的心情，這樣真的值得嗎？

面對婆婆不管有意無意的話，升格當媽媽的媳婦又該如何應對？

婆婆諷刺之一——堅持八百年前的育兒法，強調「我們以前都是這樣帶的」

佩如上個月才產下女兒，由於跟公婆同住，所以女兒生下來也理所當然托給婆婆帶，晚上她下班後再接手自己照顧，原本佩如跟婆婆的相處都還算和睦，但隨著女兒越長越大，婆媳間的衝突是日益增加。

先是女兒六個月大時，佩如準備了新鮮的蔬菜水果泥，請婆婆白天時幫她餵給女兒吃，但是婆婆一看到那些五顏六色的食物泥，就皺著眉頭拒絕了，她的理由是「沒吃稀飯怎麼會飽？」

儘管佩如耐著性子跟婆婆解釋，餵蔬果泥是為了讓寶寶先嚐試配方奶以外的食物，等寶寶適應了以後，就可以循序漸進餵肉類和稀飯。

但婆婆仍然完全聽不進去，她告訴佩如：「人家我們以前都是去市場買大骨回來熬湯，煮出來的大骨稀飯多營養啊，妳準備這些顏色奇奇怪怪的東西，我這個大人看了都不想吃，更何況這麼小的嬰兒，妳要她怎麼吞得下去？」

佩如堅持了幾次，發現無效，因為婆婆還是照自己的方式熬大骨稀飯餵女兒，而且再三強調「我們以前都是這樣帶的」佩如副食品準備的再多也沒用，最後她只好作罷。

等女兒大一點，婆婆興沖沖地去買了螃蟹車回來要給小孩坐，佩如看到臉馬上就垮了，她告訴婆婆，其實小小孩坐螃蟹車是沒什麼好處的，這個年紀的嬰兒應該要讓他們多爬，好刺激他們的感覺統合，沒想到她這番話，婆婆非常不以爲然。

「不能坐螃蟹車？哪有這種事，這螃蟹車多久以前就有了，妳知道嗎？妳老公小時候也坐過啊！現在不是長這麼大？」

說完婆婆又再意有所指地補上一句：「我們以前都嘛這樣帶的，哪有什麼問題？」

「媽，那是以前資訊沒那麼發達，所以大人忙時，把嬰兒放去坐螃蟹車，覺得省事又方便，沒什麼不好。但現在時代不一樣了，其實很多國家都不建議給小孩坐螃蟹車耶，妳想想看，一個那麼小的小孩放進螃蟹車裡橫衝直撞的，不小心翻車或撞到受傷怎麼辦？」

婆婆聽佩如這麼說，真的不太高興了。

「我生三個，三個都是這樣帶大的，一點問題也沒有啊！我也從來沒聽人家說過不能坐螃蟹車。」婆婆越講口氣越差，「妳才生一個，而且白天都在上班，小孩都是我在照顧的。帶小孩的事，妳會比我懂？」

婆婆最後這句話，讓佩如最後一點強逼自己保持冷靜的情緒潰堤，她幾乎是吼著回應婆婆：「以前是以前，現在是現在，這個年代就是沒人在鼓勵給嬰兒坐螃蟹車！這是我的女兒，我說不給她坐，就是不給她坐！」

這是佩如第一次這麼不客氣地跟婆婆說話，婆婆除了訝異，更是生氣，她二話不說轉頭走進房間，砰一聲把門關上。

連著幾天，佩如家裡的氣氛降至冰點。

婆婆不但覺得自己疼愛孫女的好意被媳婦抹煞，長久以來練就帶孩子的功夫，也被媳婦完全瞧不起，心裡真的嘔到極點。

佩如則是受不了婆婆開口閉口就「我們以前都是這樣帶的」，現在什麼年代了，誰還在用八百年前的方式在帶小孩？

婆媳倆就這麼冷漠相對了好幾天，而佩如老公夾在兩個女人中間，也爲難至極，幫誰說話都不對。

這個週末老公加班，佩如自己帶著女兒回娘家，想跟媽媽吐吐苦水。

「媽，我回來了。妹妹，叫外婆。」

「回來啦，來來來，外婆抱抱。」好久沒看到孫女，佩如媽媽好開心，立刻把孫女從女兒懷裡抱過去。

「我正在整理照片呢，妳看妳小時候，跟妳女兒現在是不是幾乎一模一樣？」

「那當然啊！妹妹就是遺傳到媽媽的外表，才這麼得人疼啊！」回到熟悉的娘家，佩如整個人都開心了起來，也有心情跟媽媽開玩笑了。

突然佩如看到一張自己跟媽媽的合照，胖嘟嘟的她正坐在螃蟹車裡。

「咦，我小時候也坐過螃蟹車喔？」

「當然啊，哪個小孩沒坐過，這台車可是從妳堂哥一直傳下來給妳的咧。」

不知爲什麼，媽媽這句話，讓佩如聯想到，婆婆那滿口「以前都是這樣帶」的理論。

「以前的人，真的都給小孩坐螃蟹車喔？」

「對啊！妳小時候多愛坐啊，有時要把妳抱起來還會哭呢！」

「媽，那妳知不知道，其實現在很多專家都建議不要給小孩坐螃蟹車？甚至有的國家還禁賣耶！」

「啊？爲什麼？這東西很方便啊，小孩子又愛坐，有什麼不能賣的？」

佩如又把解釋給婆婆的那番話，轉述一遍給媽媽聽，然後把前幾天跟婆婆爲了坐不坐螃蟹車起的衝突，也順道說了。

「妳說我婆婆是不是很難溝通？跟她講什麼都回我：以前就是這樣帶的。現在都民國幾年了，老愛講以前！沒生小孩之前，不覺得她這麼固執啊，怎麼小孩出生以後，什麼都不一樣了。」佩如忍不住開始抱怨。

「那是因爲妳們都一樣愛妹妹嘛！所以碰到跟小孩有關的事，都想堅持自己的做法，這很正常啊！」母親替佩如婆婆緩頰，「再說，她的確是用自己的方式平安帶大三個小孩，所以聽到妳反對的意見時，難免會想用過去帶小孩的方法來試圖說服妳嘛。」

「媽，我是妳女兒耶！妳應該站在我這邊才對，怎麼幫起我婆婆講話了。」

「媽不是幫她講話，只是同爲長輩，她的心情我多多少少可以理解，我們那個年代的確就是這樣帶小孩的嘛！你們年輕人有自己的想法跟做法也沒有錯，那就是看兩邊怎麼去溝通協調。」

「我不想溝通了啦！她一定只會回我：以前就是這樣帶的啊！」佩如想到這陣

子跟婆婆起的爭執，就覺得好疲憊。

「女兒啊！有時候老人家講的話，妳真的聽過就算了，每句話妳都要往心底放的話，不是氣死妳自己，對事情也沒幫助嗎？」佩如媽媽語重心長地勸她，「妳自己假日也是全天帶女兒，知道帶小孩有多累吧？」

「知道啊！所以我也很感謝她願意幫我帶妹妹，只是有時意見一不同，溝通起來真的好累。」

「既然妳知道也感謝婆婆的付出，那與其花時間跟她爭辯，不如想辦法找到妳們彼此都能接受的方式。妳不喜歡女兒坐螃蟹車，那有沒有別的替代方案，我看隔壁王媽媽的女兒，就是去租借一些嬰兒玩具回來給小孩玩，沒花太多錢，老人家也不用一直顧著小孩，這不才是兩全其美的辦法嗎？」

媽媽的話才講完，佩如手機就響了，銀幕顯示：老公。

「快接吧！一定是妳老公下班了，要來接妳們母女回家的。」

佩如對母親笑一笑，接起電話準備跟老公一起回去，不過心情跟下午回娘家前的浮燥相比，她已經知道，等等回到家要怎麼跟婆婆說了。

婆婆諷刺之二——勸妳再生時總說：孩子會自己帶財來

美菁的女兒彤彤已經一歲半了，白天她託給住家附近的保姆帶，下班再跟老公一起接回家，從一開始幾乎日夜顛倒的新手媽媽生活，到目前已經在家庭與工作取得平衡的平穩生活，美菁對現況感到很滿意，所以並不打算再生。老公明偉也覺得生養兩個孩子負擔會太重，以他和美菁只是一般上班族的收入來衡量，孩子還是生一個就好，但夫家的公婆卻不這麼想。

從彤彤快週歲學走路開始，婆婆就明言告訴美菁：「女兒會走了，可以準備生第二胎了。」美菁早聽過公司其他同事的「經驗分享」，知道生小孩這件事，做婆婆的永遠比兒子媳婦急，所以她從一開始就跟老公講好，既然已經決定不生，就由老公直接告訴公婆，兩人的決定和打算。

帶女兒回婆家過週歲生日那天，婆婆果然開口了。

「彤彤也一歲了，你們可以準備幫她添個伴了，男生女生都好，我跟你爸沒在介意這個的。」

美菁用眼神示意老公，該把他們的決定告訴公婆。

「媽，我跟美菁都想過了，現在光養一個小孩就要花好多錢，以我們的收入，養一個就夠了，再生一個負擔太重了。」

「沒這種事啦！彤彤的衣服玩具、嬰兒車什麼的，都可以留著用啊，再生一個花不到什麼錢的啦！你們沒聽老一輩的人說，孩子會自己帶財來，不用擔心這麼多啦！」

美菁早料到婆婆會搬出一堆理由勸他們再生，但沒想到會有她聽來這麼荒謬的理由。

「孩子會自己帶財來？這是什麼鬼話？意思是大家都不用考慮現實狀況，小孩生出來錢就會生出來就對了？」美菁忍不住在心裡暗忖，不過她當然只敢想在心裡，總之，一切推給老公去擋就對。

「媽，以前的物價跟現在要怎麼比？教育支出也完全不一樣了啊！什麼小孩會自己帶財來的話，這個時代根本不成立了啦！我還有同事結了婚堅持不生的咧！我們有生一個，算很不錯了。」

明偉堅定地表明不想再生的立場，婆婆當然也沒這麼容易被說服。

「只生一個，彤彤太孤單了啦，她現在還小還不懂，等兩、三歲的時候就會跟你們吵著要弟弟妹妹了，不信你等著看！」

「媽，這妳就別擔心了，到時候我跟美菁再煩惱怎麼跟她說就好。」然後明偉將女兒抱向母親裝娃娃音地說：「阿嬤，現在可以切蛋糕了沒？我好想吃喔！」

媽媽被明偉逗笑了，抱起彤彤笑呵呵地準備幫寶貝孫女慶生，沒再提生老二的事。

美菁當然知道，婆婆不會就此罷休，但沒想到，婆婆竟然把矛頭都指向她。先是接下來幾個禮拜回婆家，婆婆逮到機會就抱著彤彤，話中有話地說：「彤跟馬麻說，再生一個弟弟或妹妹陪我玩啦！我一個人好無聊喔！」

要不就是看到彤彤一個人坐地上玩時，語帶婉惜地說：「一個人玩怎麼會好玩呢？再多一個有多好？」

這些話在美菁聽來真的好刺耳，她也知道應該聽過就忘記，但幾次下來，實在很難不把婆婆的話放心上，搞得現在回婆家，美菁的臉色就一次比一次難看。

像是這個週末回去，婆婆又在講說，隔壁王媽媽家的媳婦懷老二了。

「人家老大還比彤彤小，她媳婦也沒在上班啊！你們是兩個人在賺錢，還怕養不起喔？」想到王媽媽很快又可以再抱孫子了，自己的媳婦卻是怎樣都不肯再生，婆婆越想越不高興，連帶說出口的字句也越發刺耳。

美菁忍不住開口了：「媽，人家是人家，我們是我們，每個家庭的狀況都不同，這要怎麼比？我跟明偉就是衡量過再生一個負擔會太重，生活品質也會變差。與其這樣，還不如就把全部的心力和資源都放在彤彤身上，她也能得到最好的照顧啊！」

「生了就會有辦法養啦！我們以前生活還比你們苦咧！不是生了這麼多個，你看長大以後兄弟姐妹互相照顧，不是很好嗎？老一輩的人說，囝仔會自己帶糧草來，是真的有道理的，你們年輕人就是不信！」

婆婆又搬出她的「孩子會帶財」理論，美菁實在無法再說下去了，她抱起彤彤，藉故離開客廳。

「寶貝啊，出太陽了耶，媽咪帶妳去公園溜滑梯好不好？」

把女兒放進娃娃車裡，美菁算是交代式地說了一聲等等就回來，不理會婆婆難看的臉色，便帶著女兒出門了。

走出婆家大門，美菁總算覺得呼吸到的空氣新鮮了一點，再跟婆婆處在同一個空間裡，聽那些幾乎重複的話，她實在不敢保證會不會起更大的衝突。

今天天氣很好，又是假日，公園裡到處都是人，彤彤開心地笑著跑著，美菁看了心情也好了一大半。突然間，有人喊她：「美菁，好久不見！」

美菁回頭看，是之前公司的同事秋如，後來因為孩子出生，她辭職回家當全職媽媽。

「秋如？太巧了吧！怎麼在這裡遇到妳？」

「我娘家在這附近啊，今天剛好帶我兒子回來看外婆。」秋如指著不遠處正在玩溜滑梯的小男孩，跟美菁解釋。

「哇，妳兒子這麼大啦！時間過得真快！」秋如兒子滿月時，美菁還和同事去家裡看過他，當年窩在媽媽懷裡的小娃兒，現在已經長成活蹦亂跳的小男孩了。美菁抱起在她腳邊玩球的女兒「這我女兒，剛滿一歲。彤彤，叫阿姨。」

彤彤向來不怕生，笑瞇瞇地對著秋如揮手。

「好可愛啊，小女生打扮起來，就是不一樣，生兒子就是沒這種樂趣。」秋如抱起彤彤逗弄，兩個久未見面的老友，坐下聊天了。

「跟妳老公再拚一個女兒啊。」美菁笑著建議。

「不了不了。」秋如揮揮手，「這一個就快把我累死了，好不容易熬到兒子上幼稚園了，千萬別再叫我生。」

聽到秋如也打算只生一個，美菁好像找到知音一樣開心。

「妳跟我一樣耶，也不打算再生了，妳婆婆不會有意見嗎？」美菁記得秋如和公婆都住在一起，不免好奇起秋如婆婆對她只生一個的反應。

「怎麼可能沒意見，我兒子一歲開始就一直催我再生了，跟她說養小孩花錢，妳知道她回我什麼？」

「小孩會自己帶財來，生了就有辦法養！」美菁沒好氣地接話。

「妳怎麼知道？該不會……」

「沒錯！我婆婆也是這樣跟我說的！」

秋如跟美菁忍不住一起笑了出來。

「跟妳講，老人家都一樣啦！學著左耳進右耳出就好。」秋如以過來人的姿態安慰美菁。

「這我也知道啊，但做起來哪有那麼容易。妳知道嗎？上班累了一個禮拜，週末回婆家，都要受這種疲勞轟炸，有的時候我真的好想叫我老公自己回來就好，我只想安安靜靜待在家裡休息。」美菁越說越顯得無奈，這陣子她真的覺得身心俱疲！

「如果妳老公可以接受妳偶爾不回婆家，這不失為一個好辦法啊！」

秋如的反應，讓美菁有些詫異。

「我是說真的，有時適當地隔開妳跟公婆間的距離，讓彼此都有喘息的空間，其實沒什麼不好。偶爾就讓老公自己回婆家，妳帶著女兒在家休息，妳不用聽婆婆的碎碎唸，老公也撿到一天自由的時間，我想他不會不答應。」

看美菁的表情還是有點悶悶不樂，秋如繼續開導她：「放輕鬆點，想想妳一個禮拜只聽一次這些話呢！我可是全職又跟公婆一起住，兒子剛滿週歲那一兩年，我婆婆催我生小孩，真的催到我快瘋了！她還說就是因為我不去上班，要我再生一個才喊沒錢，妳說，這話是不是很傷人？」

「太誇張了吧？那妳怎麼回她？」

「能回什麼？觀念不同就是不同，怎麼跟她解釋我堅持自己帶小孩的用意，她永遠不會了解吧。再說回到現實面，我跟老公短時間內就是買不起房子搬不出去，那還不如讓自己生活開心一點，不要去在意她講的一字一句。」

「真希望我能跟妳一樣看得開，不要這麼容易被我婆婆的話影響心情。」

秋如拍拍美菁安慰她。

「這要時間啦！妳想想我從一結婚就跟公婆住了，左耳進右耳出的功力練了六年，總該有點進步吧？」

秋如這番話，讓美菁忍不住笑了出來。

是啊！跟秋如比起來，她算是自由多了，跟老公有自己的房子住，婆婆平時也不會干涉他們的生活。這樣想，心情不是好多了嗎？

聊了好一會兒，彤彤早就在媽媽懷裡安穩地睡著了，看著女兒可愛的睡臉，美菁的心情平靜了許多。

「秋如，我出來也一、兩個小時了，該帶女兒回去了。」美菁把彤彤放進娃娃車，然後雙方交換了臉書帳號，說好互加爲好友，煩悶時再上網互吐苦水。

推著女兒回婆家的路上，美菁的心情已經好很多了。就跟秋如說的一樣，兩代之間對教養的觀念想法，差異就是這麼大，她再怎麼試圖說服婆婆都是沒用的。至少她跟老公對生小孩的共識一致，老公也很懂得在公婆面前替她說話，換個方向這樣想，人生不是開心多了嗎？

婆婆諷刺之三——
好的都是像爸爸，壞的就是像媽媽！

歷經十小時的陣痛，婉瑜終於平安把女兒生下來了。小寶貝剛出生時因爲黃疸指數高，膚色顯得比較黃，沒想到婆婆看到女兒的第一句話竟是：「這麼黑，跟妳媽媽一樣。」婆婆雖然是笑著講，但這話讓已經很擔心女兒黃疸狀況的婉瑜，聽起來很不是滋味，覺得婆婆好像在嘲諷自己一樣。

幾天後，黃疸退了，婉瑜出院，跟老公回到婆家坐月子。也不知道是不適應還是天性愛哭，從回到婆家第一天開始，小娃兒幾乎是哭整天，連續好幾天下來，公婆的耐性都快被磨光了。

這天，婆婆抱著女兒哄了快一下午，女兒還是哭鬧不睡，老人家忍不住脫口而出說：「這麼愛哭，也不知道是遺傳到誰？」婉瑜聽了，一股火都要冒上來了，女兒皮膚黑說像我；哭整天妳也有話講，要不要直接說小孩壞的都是遺傳到我啊？但爲了不要跟婆婆起衝突，婉瑜把這些話吞進肚子裡。

這天有婆家的親戚來探婉瑜母女，女兒剛吃飽睡飽，精神好得很，睜大眼咕嚕咕嚕地盯著客人瞧，嘴角微微地笑，幾個大人看得好開心，頻頻稱讚：「眼睛好大好可愛喔！」「你看她黑眼珠好亮，看起來好聰明。」

婆婆在一旁聽得笑呵呵，樂得直說：「對啊！這眼睛就是遺傳到我們家耀宗，又大又有神！」婉瑜在一旁，只覺得婆婆好誇張，老公明明就是單眼皮小眼睛，哪來她說的大眼睛？總之只要有人誇女兒，婆婆通通都覺得是遺傳到自己的寶貝兒子，婉瑜聽在耳裡，只覺得無奈又有點可笑。

產假結束後，婉瑜回去上班，女兒托給婆婆帶。幾個月後開始要吃副食品了，婆婆特地用大骨湯熬了稀飯給寶貝孫女吃，但女兒不是吃一口就吐出來，要不就是看到湯匙上的稀飯就緊閉嘴巴，讓婆婆很是氣餒，婉瑜於是請教了有經驗的同事，也上網查了很多資料，明白原來每個寶寶對副食品的接受度都不一樣，大人無需太過緊張，所以她請婆婆先休息幾天再試試，不要給自己和寶寶太大壓力。

※

這天晚餐，婆婆又試著要餵女兒稀飯，但只嚐了幾口，女兒便不肯再吃，婉瑜勸婆婆：「媽，妳先吃吧！妹妹等等再餵。」

老公也跟著幫腔：「媽，別忙了，先吃吧！妹妹今天已經比前幾天好很多了，妳看她多吃了好幾口，很快就會習慣稀飯的味道。」

婆婆知道她再堅持也沒用，於是拿起飯碗準備吃飯，突然她看到婉瑜前方的桌面，一小堆挑出來的蔥段。

「婉瑜啊，妳那蔥怎麼不吃呢？」

「沒有啦！我從小就不敢吃蔥，所以挑出來。」婉瑜有些不好意思。

「原來就是遺傳到妳，偏食！難怪妹妹什麼都不吃，阿嬤熬那麼久的稀飯也不稀罕！」婆婆居然下了這個結論。

婉瑜忍住氣，再跟婆婆解釋一次：「媽，妹妹會那樣跟偏食無關，我問過同事，有很多人的小孩，也是一開始不習慣喝奶以外的食物啊！妳不要什麼事都扯到我頭上好不好！」

婉瑜最後這句話，把婆婆也惹火了。

「什麼叫做什麼事都扯到妳頭上啊？我是就事論事啊，妳看妳自己，這也不吃那也不吃的，小孩當然跟妳一樣！」

婉瑜覺得婆婆簡直不可理喻到極點，小孩不習慣吃副食品，跟自己不吃蔥有什麼關係？她顧不得才吃一半的晚餐，抱起女兒就往房間走去。

媳婦的舉動讓婆婆看了更是火大，她朝著婉瑜背影不高興地說：「才講妳幾句而已，發什麼脾氣啊？我有講錯嗎？」

婉瑜沒理會婆婆，門一關，人就進房裡了。眼看媽媽和老婆的衝突一觸即發，耀宗急得趕緊安撫媽媽：「媽，婉瑜可能是今天上班太累，所以才早點回房休息，她沒那個意思啦！妳別生氣！」

婆婆也不高興了，她放下筷子，轉身就回自己房間，留下尷尬的耀宗面對滿桌的菜餚，原本一頓好好的晚餐變成這樣，他忍不住在心裡埋怨起老婆。

回到房間，耀宗沒好氣地說：「妳這是幹什麼呢？媽又沒有別的意思，妳有必要反應那麼大嗎？」

在飯桌上才剛被婆婆嘲諷，回到房間又被老公責怪，婉瑜再也忍不住滿腔的委屈和怨懟，她怒氣沖沖地朝著老公狂飆：「你問我要幹什麼？你怎麼不去問你媽剛剛在幹什麼？女兒不吃稀飯跟我不吃蔥有什麼關係？這也要扯到遺傳？」

「就這句話妳要氣成這樣？她顧小孩顧一天了，當然累啊！稀飯煮了半天，小孩一口也不吃，難免口氣會不好，妳跟她計較幹麼？」

聽到老公還是在幫婆婆講話，婉瑜決定把這大半年對婆婆的不滿全都講出來

「她不是只有今天這樣，從妹妹出生一開始，什麼不好的事她都往我頭上算。皮膚黑也說像我、愛哭也說不知道遺傳到誰，現在好啦，連稀飯不吃也跟我有關。對，小孩好的都是你的優良血統，壞的都是像到我這個媽，這樣可以了吧？」

「什麼壞的像妳、好的像我，哪有人這麼說，妳自己想到那裡去幹麼？」耀宗覺得是婉瑜想太多，自己給自己煩惱。

「我想太多？你去問問你媽，她是不是就這麼想的？」

婉瑜越來越不客氣的用詞，讓耀宗也火大了。

「妳講話有必要這樣分彼此嗎？我媽難道不是妳媽嗎？」

「我分彼此？你先去問她有沒把我當自己人，再來要求我！」婉瑜沒想到老公只是一個勁兒地苛責她，完全沒顧慮到她這段時間承受多少來自婆婆的壓力。耀宗也沒想到，自己媽媽無心的一句話，老婆會這麼在意，他更不懂，婉瑜把母親的一字一句放大來看做什麼。

婉瑜覺得再講下去，老公只是依舊跟婆婆站在同一陣線，然後反過來責怪她不懂事，她累了，不想再爭下去。

「很晚了，我跟女兒都想睡了。你想幹麼隨便你，不要再大吼大叫吵到妹妹睡覺就好。」婉瑜極其無奈地下了這個結語，然後就抱著女兒出去泡奶了。

這晚的爭執，讓家裡的氣氛持續低迷了好幾天，不只婉瑜跟耀宗之間陷入冷戰，她跟婆婆更是幾乎都沒有交談，白天把女兒交給婆婆後，她就出門上班，晚上回到家再接手把女兒帶回房間。和老公、婆婆關係變成這樣，婉瑜已經夠心煩了，沒想到，妹妹竟在這時候感冒了。

這天上班時，婉瑜突然接到老公打來的電話。

「剛才媽媽打來，說妹妹有點流鼻水，要我們下班早點回去。」

婉瑜一聽，緊張的說：「有咳嗽或發燒嗎？要不要緊？要不要我請假帶去看醫生啊？」

「媽已經帶去看了啦，醫生說喉嚨有點發炎而已，沒什麼大礙，妳不用擔心。先這樣了，我還要開會，晚上回去再說。」

晚上回到家時，女兒在睡覺，婉瑜還在奇怪，這時間通常不是女兒的睡眠時間，婆婆就開口了：「大概是鼻塞不舒服吧！妹妹下午都沒什麼睡，剛吃飽了才睡著。」

「一下午都沒睡？媽那妳不是累了一下午？」耀宗有些心疼母親。

婆婆揮揮手，不以爲意地說：「沒事啦！小孩子生病感冒這沒什麼，我們先去吃飯吧。」

看到婆婆神色有些疲憊，婉瑜心裡有些過意不去，她正想開口跟婆婆道謝時，婆婆就先開口了：「我看妹妹今晚就跟我睡好了，她現在睡飽了，等等醒來應該又生龍活虎，半夜不知道要搞到幾點才睡，你們倆明天都要上班，今天晚上我來帶好了。」

「那怎麼行，媽，妳已經顧了一整天了，本來晚上就要輪我們自己帶啊！」耀宗怕母親太累，連忙拒絕。

「我說我顧就我顧，一個晚上而已，不要緊的！不過今天真的比較匆忙，晚餐我只隨手煮了麵，快坐下吃吧！」婆婆說完，轉身進廚房端麵。

看著婆婆的背影，婉瑜一點也沒有猶豫地跟著進了廚房。

「媽，謝謝妳！辛苦了！」婉瑜走到婆婆身邊，發自內心地說了這句話。

「謝什麼，妹妹是妳女兒，也是我孫女，阿嬤照顧孫女有什麼好謝的。」婆婆淡淡地說。

婉瑜想到前幾天自己在餐桌上的態度，惹得婆婆不高興，但今天妹妹生病了，婆婆卻怕她跟耀宗顧女兒顧到沒得睡，如果婆婆之前講的話都是在針對她，那又何必替她著想這麼多呢？想到這，她不免有些愧疚。

於是她鼓起勇氣開口，說：「媽，前幾天是我講話太衝了，對不起！」

婆婆有些詫異，她沒想到媳婦竟會主動向她道歉。

「喔，那個啊！過了就算了，沒事，去外頭吃飯吧！」婆婆端著麵，和婉瑜一起坐回餐桌開始晚餐。

耀宗不用問也知道，老婆進廚房是去跟母親道歉的，兩個女人達成和解，家裡沉默了好幾天的晚餐時間，也終於恢復了以往的熱絡。

婉瑜主動跟婆婆化解僵局，耀宗當然也沒有理由再跟老婆冷戰下去，當晚回到房間，他笑笑地跟婉瑜示好：「老婆，妳還在生我氣嗎？」

婉瑜看著老公，語帶無奈又故意有點撒嬌地說：「氣你有用嗎？氣你，你就會懂我那天在不高興什麼嗎？」

「老婆大人，是我不好，那天對妳講話口氣太衝了，我知道錯了，妳別生氣了！」耀宗忙跟老婆賠不是。

「你知道你那天講話的感覺，好像都是我的錯一樣！」婉瑜看著老公，還是有點埋怨，「我知道有時候媽的話可能只是隨口說說，但聽在我耳裡，真的就是很刺耳嘛！不然我沒事幹麼跟她鬧不愉快？我也不喜歡家裡氣氛這麼僵啊！」

耀宗摟著老婆的肩安撫她：「對不起啦！是我太粗心，妳也知道媽是無心的！妳看今天女兒生病，她怕我們累到，不就堅持讓妹妹跟她睡嗎？」

「我知道啦！我也很感激她，不然剛才幹麼主動跟她道歉？你放心啦！經過這次，我自己心態會調整，有些她講的話不要放大來看。」

過了這麼多天，婉瑜思緒已經冷靜許多，「但是，你也要聰明一點啊！以後我如果又忍不住跟你抱怨什麼，你安撫我就好，我跟媽一樣，唸唸就沒事了！」

「遵命！老婆大人！」耀宗調皮地舉起手，把婉瑜逗笑了。

婆婆諷刺之四——

教孩子規範時，總是說：「他還這麼小，哪裡懂？」

「匡噹」一聲，兩歲半的軒軒不小心把水杯打翻了，弄得滿地都是水。

「軒軒，沒關係，去拿抹布把地板擦乾。」媽媽摸摸軒軒的頭，鼓勵他自己把水擦乾淨。

「明美啊！這麼小的小孩，妳讓他自己拿水杯，當然會打翻啊！」婆婆從廚房走出來，手上拿著抹布，嘴裡也沒閒著「軒軒，沒關係，阿嬤擦。下次要喝水跟阿嬤講，阿嬤幫你倒，好不好？」

又來了！明美在心裡偷偷嘀咕，最近只要她嚐試教兒子一些生活常規，婆婆就會跳出來說話。不是搶著替軒軒把媽媽交代的事情做完，就是不明究理地反問明美：「軒軒還這麼小，哪懂這些？」

但明美卻不這麼想，她覺得兩歲半的孩子，本來就應該開始學習一些簡單的生活自理能力，否則要大人幫忙到幾歲？偏偏白天她要上班，軒軒都是婆婆在帶，老人家怎麼看都覺得孫子小，凡事都做不好。於是小至吃飯喝水，大至收拾玩具，婆婆通通攬在自己身上。原本明美還不以為意，但隨著軒軒越大，她越覺得不妥。

常常她下班回到家，就看到客廳滿地散落的玩具，開口要軒軒自己收拾，婆婆就一邊替孫子收拾一邊說：「阿嬤來阿嬤來，軒軒還小還不會。」

一開始明美還會試圖說服婆婆：「媽，妳就讓軒軒學著自己收嘛！這樣妳白天帶他時能輕鬆一點，他又能學會對自己的事負責，不是很好嗎？」

「才兩歲的小孩，妳跟他講什麼責任感？」婆婆對明美的想法完全不能認同，一邊反駁媳婦，還是一邊替孫子收拾玩具。

明美不想跟婆婆起衝突，所以只能由著婆婆去。但漸漸地，她發現婆婆凡事都用孩子還小來當藉口的管教方式，越來越行不通。

這天軒軒五歲的堂哥豆豆來家裡玩，兩兄弟原本玩得正開心，卻因爲搶玩具起了爭執，軒軒一急，推打了豆豆好幾下，個性比較溫和的豆豆因此嚎啕大哭。

「嗚⋯嗚⋯⋯弟弟搶我玩具還打我！」

大人一聽，全飛奔到兩個孩子身邊，明美又氣又急地問軒軒：「剛才是不是打哥哥？」

軒軒怯怯地點點頭，明美正要開口訓斥時，婆婆搶先說話了：「哎喲，沒關係啦，小孩子玩難免嘛！豆豆，弟弟還小，你是哥哥你讓他一下沒關係，你最乖了對不對？」

「媽，不是他年紀小別人就應該什麼都讓他，打人就是不對，這要讓他知道的。」

都這種時候了，婆婆還是用年紀小來合理化孩子的行爲，明美感到非常不能接受。

「什麼別人，豆豆是軒軒的哥哥啊！哥哥疼弟弟，稍微讓他一下，這有什麼關係。」婆婆轉頭對軒軒說：「阿嬤知道軒軒最乖了！會疼弟弟對不對？來，阿嬤帶你們去拿糖果吃。」

聽到有糖吃，原本哭喪著臉的豆豆，乖乖跟著阿嬤去了，大人們一看沒事，也起身回到客廳。

「妳看，這不就沒事了嗎？」婆婆對著明美說，話裡有一種好像是她太小題大作了的意思。

明美還想說什麼，卻被身旁的老公威德用眼神制止了。

「應該不是這樣子的！」明美在心裡喊著，孩子打人了，本來就應該讓他知道自己錯了，然後跟對方道歉，不管被打的是自己哥哥還是外人、年紀誰大誰小，做錯事就應該要道歉，沒有任何理由才對啊！婆婆卻總是說軒軒還小，什麼都不懂，什麼都不需要教他。

「這樣下去不是辦法，我得想想辦法才行！」明美在心裡暗想著。

這晚睡前，明美決定跟老公好好溝通一番。

「你不覺得媽太寵軒軒了嗎？什麼事都用他年紀小當藉口。」

「會嗎？」威德淡淡地說，他跟大部份的爸爸一樣，對小孩管教的事，向來不太注意細節。

威德淡漠的反應，明美看了很不開心，反應也就更激烈。

「怎麼不會，下午的事明明是軒軒不對，他動手打人耶！媽還是說他年紀小，要豆豆讓他，這就不是讓不讓的問題啊！」

「那不然呢？妳要媽教豆豆打回去嗎？」威德不懂老婆在激動什麼，「媽下午那樣講也沒錯啊！大的本來就要讓小的，我們從小也是被她這樣教的啊！妳看我們兄弟之間感情還不是一樣很好？」

明美沒想到老公竟會這樣看待兒子打人的行為，她還想開口再跟威德說些什麼，威德卻打了個好大的哈欠：「累死了，我要先睡了，妳也早點睡，明天還要上班。」

沒幾分鐘後，躺平的威德發出規律的鼾聲。明美氣壞了！她覺得婆婆不理解她的想法就算了，竟然連老公也不願意聽她訴苦，然後跟她一起想想解決的辦法。

小孩又不是我一個人的！明美真想大吼出來！

但她再怎麼生氣，恐怕還是叫不醒已經熟睡的威德。

※

隔天一早起床，明美對老公和婆婆的態度都很冷淡，威德只當老婆可能沒睡好精神差，所以沒什麼笑容，自然也沒特別關心她，明美則是帶著一肚子氣上班去了。

午餐時，明美和幾個比較要好的同事約了一起吃，跟她交情最好的小琦體貼地問她：「明美，妳是身體不舒服嗎？我覺得妳今天氣色看起來好差喔！」

明美從昨天到今天憋了一肚子的氣，總算有得發洩：「我真的會被我婆婆氣死！」

「怎麼啦？」

於是明美把昨天發生的事說了一遍，也抱怨了婆婆最近在她規範兒子時，總用孩子年紀小當藉口，阻止她所有的管教行爲。

「我婆婆也是啊！我女兒都五歲了，阿嬤還是覺得她年紀小，什麼都做不好。給長輩帶就是這樣啦！妳要習慣！」另一個同事育玲很懂明美的無奈，她也是女兒託給婆婆帶，婆媳倆爲教養起的爭執，數也數不清。所以她只能勸明美習慣，因爲她自己也找不到解決的方法。

但明美顯然一點也不認同。

「習慣？難道就真的要完全都照我婆婆的意思教小孩？他打人、搶哥哥玩具，我都要裝作沒看見？」

一直只是默默聽的小琦也開口了：「坦白說，我也是沒辦法接受我婆婆的管教方式，所以我女兒一滿兩歲我就送去上學了。」

「兩歲就送去？會不會太小啊？」明美好奇地問小琦。

「沒辦法啊！與其讓她在家被阿嬤寵得無法無天，倒不如讓她去學校跟老師學規矩，這是我跟老公討論之後覺得最兩全其美的方法。」

「是喔，那我是不是也應該考慮等我兒子大一點，送去上學？」明美也想參考小琦的作法，讓軒軒早點去學校學規矩、交朋友。

「如果妳老公不排斥的話，我是覺得這不失爲一個辦法。不過妳要有心理準備，孩子年紀還這麼小，一開始去上學，一定會常常生病感冒喔！」小琦提醒她。

明美聽到，有點緊張了「是嗎？那怎麼辦？」

「沒能怎麼辦啊，就熬過那段期間就好了，什麼方法都是有好有壞。妳看妳給婆婆帶，是比較省錢，孩子也得到一對一的完善照顧，但就像妳現在擔心的，阿嬤永遠當他長不大，總有一天會被寵壞。」見明美認同的點頭，小琦繼續說下去，「送去上學一開始是很辛苦沒錯，但過渡期過去，孩子會漸漸習慣學校的生活，也知道外面的世界，不是像他跟阿嬤在家時一樣，凡事都以他爲主。連帶地妳跟婆婆因爲管教起衝突的機率也會降低，不是很好嗎？」

「真的就像小琦講得一樣，什麼方法都有好有壞。我有同學選擇當全職媽媽，小孩是照自己的方式在教在管沒錯，但她完全沒有一點休息的時間，經濟也因爲只有老公一份收入所以變得比較吃緊，這都看妳自己怎麼選擇！」育玲做了這個結論。

「嗯！好！我回去跟我老公討論看看。」

見明美的情緒比較冷靜一點了，小琦又再提醒她：「好啦！別跟妳婆婆生氣了，她也不是針對妳，就是太疼孫子了，妳不喜歡不接受，那就找別的解決方法，至於老人家講的話，就左耳進右耳出吧！」

「唉，左耳進右耳出，這功夫我練了五年還練不起來。」育玲這句有點搞笑的回應，讓三個人都笑了。

這頓午飯吃完，明美原本沈悶的心情輕鬆不少，是啊！天下的婆婆，喔不！應該說是老人家都一樣，在他們心目中，孫子永遠都是那個抱在懷裡的小寶貝，要他們理解年輕一代父母想訓練孩子獨立的思維，大概是不可能了。既然改變不了婆婆的做法和想法，那倒不如把時間和精力花在找解決方法上，想到這，明美大概知道接下來該怎麼做了。

有話私下說

「不」正面衝突

風和日麗的週末，子芸的心情卻不太美麗，因爲這週要跟老公銘凱一起回南部婆家，這對她來說，真的算是苦差事，因爲她跟婆婆每回見面，總是講沒幾句就要吵起來。

其實一開始，子芸跟婆婆關係不是這麼差的，尤其是婆媳倆住得一南一北，一週頂多見一次面，實在沒什麼交集可言，更談不上有什麼架好吵。但女兒娃娃出生後，子芸夫妻倆因爲工作關係，不得不把女兒留在南部請婆婆幫忙帶，一來不影響他們原本的工作，二來也讓公婆有孫女可以作伴。只是子芸萬萬沒想到，婆婆帶小孩的方式，竟讓自己那麼無法認同。

先是娃娃襁褓時期，婆婆就要抱著哄到睡著，搞得子芸每週末回去，都爲了哄女兒睡覺弄到筋疲力竭。她跟老公從台北開四、五個小時的車回到婆家就夠累了，女兒沒人抱，就一定不睡的習慣更是讓她吃足苦頭。子芸不只一次告訴過婆婆：要把這個習慣改掉，讓娃娃學會自己躺在嬰兒床裡睡，但婆婆總是當沒聽到，還是堅持用自己的方法帶。

然後開始要接種預防針了，婆婆爲了省錢，決定帶娃娃到鄰近的衛生所打針，子芸卻很不能接受，她認爲鄉下的衛生所，設備沒有大醫院齊全，醫護人員的服務態度也可能沒有私人院所來得仔細，爲此她還特地另外拿錢給婆婆，請她帶女兒到大一點的診所或醫院打預防針，也順道讓醫生評估一下娃娃每個階段的發展是否正常順利，婆婆卻很不以爲然。

「幹麼花那個掛號的錢啊？衛生所又近又方便，有什麼不好？阿凱他們小時候，也都是在衛生所打針的啊！哪有什麼問題？」

「媽，那是早期只有衛生所這個選擇嘛！現在時代不同了，明明就有那麼多設備新穎又專業的小兒科診所和醫院，我們爲什麼不選好一點的呢？」子芸算是高知識份子，所以對任何事都很有她自己的見解。

「打個針而已，不用那麼麻煩啦！」婆婆揮揮手，不打算再討論下去。

諸如此類的大小事發生幾次之後，子芸發現，婆婆不但非常固執而且還很難溝通，每次只要她又提了什麼意見，老人家常話都還沒聽一半，就語帶不耐地回她：「沒這種事啦！照我的方法帶，娃娃有生病還怎樣嗎？妳不要聽別人講了什麼，就回來要我照人家的方法帶。」

跟老公抱怨也沒用，因爲老公只求她跟婆婆不要起爭執就好，有時甚至還會拜託子芸對婆婆帶小孩的方式，睜一隻眼閉一隻眼，不要每次回來都把家裡氣氛搞得烏煙瘴氣。

「我把家裡搞得烏煙瘴氣？你怎麼不說是你媽食古不化？完全不肯採納別人的意見？」

子芸覺得自己對婆婆的不滿，已經累積到快要爆發的地步。

後來，娃娃兩歲多時的一次爭執，讓子芸跟婆婆的衝突正式引爆，婆媳倆的關係從此降到冰點。

那個週末，子芸夫妻照例又從台北開車回去採視女兒，回到婆家時已經是午飯時間了，一進門就看到娃娃坐在嚕嚕車上，邊玩邊讓阿嬤餵飯，子芸一看，整把火都冒上來了。

「娃娃，吃飯的時候可以玩車嗎？爲什麼不坐在餐桌吃呢？」

「沒關係啦！這樣也是可以吃啊，娃娃乖，阿嬤再餵一口。」

婆婆無所謂的態度，讓子芸更不高興了，連帶地口氣也開始變差

「媽，我不是有買餐椅嗎？妳怎麼不讓她坐在裡頭吃飯？」

「那個椅子小孩子坐不住啦！我這樣餵不是比較快？」

「小孩子坐不住？我看是妳根本沒拿出來用吧！」

子芸的婆婆不敢相信，媳婦竟用這種口氣跟她講話。

「就吃個飯而已，妳在不高興什麼？阿嬤餵孫子吃飯，是有什麼不對？妳要這樣跟自己婆婆講話？我好歹也是妳的長輩耶！」

眼見媽媽動怒了，銘凱用眼神示意子芸，要她別再講下去，但子芸卻覺得自己不想再忍下去，她決定趁今天跟婆婆一次把話說清楚。

「這跟是不是長輩有什麼關係？長輩講的就一定是對的？長輩帶小孩的方式，就絕對不允許別人質疑？」

「銘凱，你聽聽看，你老婆是這樣跟你媽講話的？」

「老婆，好了，妳少說幾句。」銘凱拉了拉子芸的手，再轉頭安撫母親。

「媽，子芸可能是坐了太久的車，有點累了。一回來又看到娃娃不自己吃飯，還要

妳一口一口餵，她也是怕妳帶小孩帶到太累啦！我代她跟妳道歉！」

聽到老公跟婆婆道歉，子芸覺得莫名奇妙，她不懂自己哪裡做錯，明明是婆婆不聽她的意見，永遠用自己的方式帶小孩。搞得娃娃現在都要三歲了，還不會自己吃飯，餐椅也坐不住，那餐椅還是她特地買回來的，現在全被擺在角落生灰塵。

子芸越想越氣，情緒幾近崩潰。

「爲什麼要道歉！我只不過是開口要自己小孩自己吃飯，錯在哪裡？」

「好啦！妳有完沒完啊！媽就餵個飯而已，有這麼嚴重嗎？妳沒事找架吵幹麼！」銘凱也動怒了，他不知道老婆今天是怎麼回事，像吃了炸藥一樣，看到什麼都能爆發。

子芸還想說些什麼，娃娃卻「哇」地一聲哭了出來。

「嗚！把拔好兇好可怕。」娃娃雖然還無法完全聽懂大人們在講什麼，但第一次聽到把拔這麼大聲地說話，也真的夠她害怕的了。

寶貝孫女這麼一哭，婆婆立刻心疼地抱起她，「娃娃乖，不哭不哭，阿嬤秀秀！阿嬤帶妳去公園溜滑梯好不好，乖乖乖！」

然後婆婆回過頭，刻意壓低音量卻不太高興地留下一句：「把女兒嚇哭，這樣妳高興了吧！」便帶著娃娃出門去了。

自此之後，子芸和婆婆的關係便陷入相敬如「冰」的地步，兩人不是靠銘凱傳話，就是才講兩、三句，氣氛便火爆起來，這樣的狀況持續到現在也快有半年，銘凱不是沒想過，改善媽媽跟老婆的關係，但偏偏這兩個女人脾氣都硬得很，沒有一個人願意先低頭示好。

這天回婆家因爲有點塞車擔誤到時間，子芸他們先到休息站吃午餐。在座位上等老公去取餐的時候，旁邊正在吃飯的一家人，因爲小孩年紀跟娃娃差不多，所以特別吸引子芸目光，不過其實最讓她注意到的，是小女孩跟娃娃一樣，吃飯也要阿嬤一口一口餵。而坐在小女孩旁邊的媽媽，除了偶爾柔聲勸幾句「媽，妳先吃啦！」外，對婆婆餵飯的行爲卻好像視若無睹一樣，子芸不免感到很好奇，因爲換成是她，早就氣壞了。

小女孩吃到一半，嚷著要上洗手間，一樣也是阿嬤帶去了。

子芸鼓起勇氣，決定跟這位媽媽經驗交流一下：「不好意思，妳們家妹妹好可愛喔！她幾歲了啊？」

「謝謝！她三歲多了，上個月剛上幼稚園小班。」年輕媽媽笑瞇瞇地說。

「跟我女兒差不多大耶，妳是自己帶嗎？」

「不是耶！我請婆婆幫我帶，晚上下班再去婆家接她，剛帶她去廁所那個，就是我婆婆。」

「是不是給阿嬤帶的，都會這樣啊？我女兒吃飯也跟妳女兒一樣，都三歲了還要阿嬤餵。」子芸想到自己家的情況，說話口氣不免無奈起來。

「老人家帶，難免這樣啦！」聽這位媽媽的語氣，好像一點也不介意，子芸更覺得奇怪了。

「妳有請妳婆婆讓小孩自己吃嗎？還是妳覺得阿嬤餵飯沒關係？」

「講過好幾次嘍！但一點用也沒有啊，小孩也知道阿嬤就是疼她，有耐性一口一口餵她。所以最後我乾脆隨婆婆去，但我的底限是，跟爸爸媽媽一起吃飯時，小孩就要自己吃，她也三歲了，聽得懂我在講什麼，既然婆婆那裡改變不了，那就選擇一個我們雙方都接受的做法嘍。」年輕媽媽這樣解釋。

子芸聽來還是無法理解，同爲媽媽，人家怎麼可以這麼看得開，而自己，卻如此在意婆婆的一言一行。

「我就是沒辦法接受耶！而且我婆婆帶小孩完全照她自己的方式，我好像一點點自己的意見都不能有，搞得我們每次見面都會弄到吵架！」

「吵架？妳都當面指正她？」

「對啊！當然是看到馬上講！不然事後再講哪來得及？唉，其實也不是什麼指正啦！我就只是告訴她怎麼做對小孩比較好，這也是爲了小孩好啊，又不是要跟她找架吵。」子芸不以爲意地說。

「妳跟她講的時候，該不會老公也在場吧？」

「我們都是一起回去看女兒，我老公當然在場。」子芸完全沒察覺，有什麼不妥。

「難怪她會更不能接受，妳想想看，如果今天是妳老公當著妳的面，糾正妳媽媽，她老人家什麼感覺？」

子芸被這麼一提醒，還真有點傻住了。

「嗯…會覺得很沒面子很不高興吧！」

「是啊！其實坦白跟妳說，我婆婆帶小孩也有很多自己的想法做法，但我選擇請她帶，就自己要有認知，不可能百分之百照我想的去教去養，要是真的是太誇張的行為，比如小孩哭鬧地太過份、或是公婆花太多錢買玩具，我要不就是請老公去講，要不就是等私底下只有我跟婆婆時再講。不管成效如何，但至少減少我們衝突的機會，一直跟婆婆吵架，妳自己也很煩吧？」

子芸沒想到這媽媽看來年輕，思慮還比自己周全。

「很煩啊！每次回婆家，心情都很差！」

「而且啊，影響妳自己心情就算了，如果連小孩也常看到媽媽跟阿嬤吵架，不是更不好？」

想到可愛的女兒，子芸浮起一陣愧疚感。是啊！自從那些吵架之後，娃娃好像變得特別敏感，只要大人說話音量一大，就會緊張地要他們不要生氣。

子芸還在思考時，老公便端著餐回來了，她也不好再跟隔壁的媽媽聊下去。只在他們離開時，微笑的跟這位啓發她不同想法的年輕媽咪道別。

※

回婆家的車程上，子芸陷入長思，想起好幾次她跟婆婆的爭執，好像都是她問也沒問，劈頭就當眾糾正婆婆的作法，然後提供自己的看法，希望婆婆照她的意思去做。換成是任何一個婆婆，可能都無法接受媳婦這樣吧！搞得現在跟婆婆關係這麼差，她自己是不是也要負起一半的責任？

想著想著，婆家的大門就在眼前了，子芸還沒想到，下車後她要用什麼態度去面對婆婆，但她很清楚知道，以前那種直來直往的方式，真的行不通了，爲了女兒好，她得先從改變自己做起才行！

她總是老公的媽
「不」當著老公的面批評

對每個人來說，一個星期當中，最忙亂的絕對是週一早晨，但惠瑩總覺得自己的Monday blue肯定比其他人更嚴重好幾百倍。

因爲每個週末，她跟老公浩威會到婆家把兒子小饅頭接回家共度週末，週一早上再送回婆家。而總在她抵達公司要開始忙的時候，婆婆電話就來了，或許是因爲發現了小饅頭哪又被蚊子叮了一個包；或許是因爲小饅頭早上便便有點不順，婆婆急著打來問她這兩天又給孫子吃了什麼，總之不管多麼芝蔴綠豆大的事，婆婆總有理由打來，而且還只找她，絕不會打去給浩威。弄得慧瑩每個禮拜一心情都超鬱卒的，工作量就已經大得夠嚇人了，還得應付婆婆電話裡雞毛蒜皮的問題，而孩子浩威明明也有份，她不懂婆婆爲何永遠只針對她。

所以老公就成了她情緒唯一的出口，真被婆婆唸到受不了時，一把電話掛上，她就反過頭打去給老公，也不管浩威是不是在忙，就把所有不滿和氣憤一股腦全發洩出來。一開始浩威還能好聲好氣安撫老婆，但幾次下來，他實在也沒那麼多時間跟耐性，接慧瑩電話的口氣是越來越不耐煩。

「老婆，我在忙，有什麼事回家再說。」

「我也在忙啊！媽爲什麼就不能等我回家再說？剛又打來問我小饅頭今天怎麼吃這麼少？我哪知道爲什麼啊？」慧瑩就是要讓老公也嚐嚐這種感受。

「好啦！別生氣嘛！下次回去我再跟她說，請她上班時間不要打給妳好不好？」

「算了吧！你說了八百次要跟媽說了，我一次也沒聽到你講。」浩威的安撫，顯然完全起不了作用。

「好了，我都說了我會處理，妳還要我怎麼樣？現在打去質問媽讓妳高興嗎？」

「你對我兇幹麼，有本事你去跟媽說啊，叫她不要什麼大小事都打來問我，小孩是我一個人的嗎？」慧瑩被婆婆唸到積了一肚子怨氣，也不過是想跟老公抱怨一下，想聽他說一聲「辛苦了」，沒想到浩威卻這麼不耐煩，她真的對老公好失望。

而另一頭的浩威，聽著老婆抱怨老媽的字字句句，心情自然也好不到哪去。他知道老婆受委屈了，但對象是自己的媽媽，他又能怎麼樣？難道真的回過頭去指責長輩的不是？

結果原本很少吵架的兩夫妻，現在不愉快的機率越來越頻繁，惠瑩也知道，爲了婆婆的電話對老公發脾氣，傷了彼此感情很不值得。但…她就是氣不過啊！她氣婆婆跟孩子有關的事，總是只找她只問她，好像她把孩子帶得多差似的；也氣自己除了跟老公抱怨之外，拿婆婆一點辦法也沒有；更氣浩威對她承受的這些，好像一點反應也沒有，只能任由她跟婆婆之間的鴻溝越來越深。

※

這個週末，慧瑩夫妻帶著小饅頭去參加學長阿國替小孩辦的慶生會，阿國和慧瑩是大學時期因爲社團熟識的好友，即使彼此都有了家庭，平常總是各忙各的，但還是很常透過SKYPE或臉書關心對方。最近跟婆婆和老公關係都有點緊張的慧瑩，正想趁今天這個機會，跟同爲人夫人父的阿國聊聊，看能不能藉此多了解一點老公的想法。

慶生會在阿國家舉行，阿國的太太如芳她是很早就見過了，所以慧瑩並不陌生。在陪著小饅頭跟其他小朋友玩時，慧瑩注意到如芳和一個看起來年約五、六十歲的長輩有說有笑，聊得很開心。原本以爲那是如芳娘家的媽媽，因爲她們看起來，感情真的很不錯。

「欸，沒想到你這麼細心耶，幫兒子辦生日會還請丈母娘來喔？」閒聊空檔，慧瑩誇起阿國。

「丈母娘？沒有啊，我岳父岳母上禮拜就出國啦。」阿國一頭霧水。

「沒有？那如芳旁邊那位是……？」

「那我媽啦，不好意思，剛還沒介紹妳們認識。」

「你媽媽？那不就是如芳的婆婆？」慧瑩太訝異了，因爲如芳跟婆婆相處的樣子，看起來實在太像母女了！

「哇，你老婆跟你媽，感情這麼好喔？」

「呵呵…也還好啦。」阿國雖然說得含蓄，但一臉得意的笑，說明了一切。

「真羨慕耶！不過如芳個性那麼好，誰都會很喜歡她啦！而且你媽媽看起來也很親切，好媳婦遇到好婆婆，相處融洽是一定的。」

「這位人妻，妳有所不知！我家目前的風平浪靜，可是用多少次革命換來的。」阿國調皮的個性，當爸爸後還是沒有改變。

「革命？什麼意思？」

「偷偷告訴妳，我老婆跟我媽，其實原本關係不是太好的，尤其在我兒子剛出生那一年，她們幾乎天天鬧不愉快。」阿國小小聲地說。

「怎麼可能？我不相信！」慧瑩是真的不相信，眼前那對有說有笑的婆媳，怎麼可能會有關係那麼差的時候？

「是真的，我兒子算是我媽帶大的，所以她那時候看我老婆帶小孩，都覺得沒她帶得好，什麼事都想糾正，兩個人也就常不愉快。」

聽到這，慧瑩更訝異了，這跟自己和婆婆的情況也太像了！

「那你應該也蠻慘的吧，老婆一定常常跟你抱怨你媽媽。」

「喔，關於這點，我真的要大力讚美一下我老婆，她真的非常有智慧！」

「智慧？怎麼說？」

「妳信不信？她從來沒在我面前批評或抱怨過我媽。」

從沒跟老公抱怨過婆婆？慧瑩實在太不可置信了，這怎麼可能？至少她自己完全做不到。

「所以，她對婆婆完全沒有不滿？」

「當然不是，我媽唸起人來很可怕的，別說我老婆，有時連我都受不了！她是很聰明，在轉述完她跟我媽的衝突時，會問我的想法，然後告訴我，她需要我幫什麼忙。」

慧瑩還是聽不太懂意思。

「我記得有一次，我媽因爲兒子尿布疹痛到哭了一下午，不太高興地打去唸我老婆小孩怎麼顧的，現在要怎麼辦之類的。」

「結果呢？」

「結果我老婆很機伶地在電話裡安撫我媽，說她辛苦了，然後答應她會早點下班回家接手照顧小孩，老人家一聽，怎麼氣得起來？」

「如芳也太厲害了吧，明明就是婆婆莫名奇妙對她發脾氣，她還可以反過來安撫婆婆？要我早就開罵了。」慧瑩偷偷在心裡想著。

「然後這件事，還是晚上要睡之前，她才告訴我的。但她告訴我不是要抱怨，她只是要我幫忙，以後她真的很忙或開重要會議時，把來電轉接轉到我這，請我去跟我媽說。」

聊到一半，如芳正好走過來了。

「嗨！慧瑩，剛才就看到妳來了，抱歉跟我婆婆在弄孩子們吃的點心，現在才過來跟妳打招呼。」

「好啦，那妳們兩個聊，我去陪孩子玩了。」阿國很體貼地讓老婆跟慧瑩聊些貼己話。

「如芳，我剛跟阿國聊了一下，覺得妳真是太厲害了！」慧瑩由衷地說。

「厲害？我做了什麼？」

於是慧瑩把跟阿國聊天的內容覆述一遍。

「說真的，我很佩服妳面對婆婆的態度，我實在沒辦法做到跟妳一樣。」

「沒辦法啊，不這樣處理，難道要吵起來嗎？」

「我是不敢跟婆婆吵啦，但卻忍不住會把氣出在老公身上，哈！」慧瑩有點不好意思地把最近發生的事跟如芳說了。

「我懂啦！畢竟會覺得那是老公的媽，然後就會不自覺地對著老公發脾氣。」同為人媳，如芳非常了解。「只是，妳對老公發脾氣，他就會站在妳這邊，陪妳一起解決問題嗎？」

「氣到快爆炸了，我哪想得到這些？」

「其實妳跟老公抱怨，是希望聽到他的安慰，對吧？」見慧瑩點頭，如芳繼續說「但是妳選擇用生氣的方式告訴他，不是得到反效果？」

「是啊！可是氣起來的時候，就真的很想找一個人發洩！」

「有娘家媽媽、好朋友、甚至我，這麼多人可以聽妳抱怨婆婆，妳又何必去選擇跟她最親的兒子抱怨呢？如果今天是浩威一直在妳面前批評妳母親，妳有辦法好臉色嗎？」

慧瑩回答不出來了，她知道是自己把對婆婆的不滿移轉到老公身上去，她也知道這樣真的不好，但當情緒一來的時候，實在好難控制。今天看到阿國一家和樂融融的樣子，她真的好生羨慕，而這和樂家庭的背後，是如芳用多少努力換來的，爲什麼人家肯爲了老公兒子改變對婆婆的態度，自己卻試也不肯試呢？

※

這天晚上回到家，慧瑩直接了當地問浩威：「老公，我最近常在你面前抱怨媽，是不是讓你覺得很爲難？」

浩威沒料到，老婆竟會這麼問他，所以回答地有些含蓄。

「嗯……就……一邊是我媽，一邊是我老婆，我好像替誰講話都不對！我當然知道媽那樣一直打給妳，對妳工作造成困擾，但我又怕我直接去跟她講，她會覺得是妳在跟我告狀，坦白說這段時間我也很煩惱！」

「其實我知道，你夾在我跟媽中間很爲難，我也不是要你爲了我跟媽吵架。只是每次我跟你反應，你給我的感覺好像都是我在小題大作，幾次下來，我真的會很沮喪，覺得你好像認爲我在找麻煩。」

「老婆，對不起啦！妳知道我不是那個意思的！我真的知道妳照顧小饅頭很辛苦啊，有時妳打給我，我剛好上班也在忙，所以口氣可能急了點，對不起啦！」

感受到浩威的誠意，慧瑩的臉上總算有了笑容。

「那……以後我在開會或真的很忙時，可以把手機來電轉接到你那裡嗎？這是我目前唯一想到能解決的辦法。」

「當然可以啊！還是老婆聰明，我怎麼都沒想到用這個方法？」

慧瑩默默地笑了笑，其實浩威不知道，這方法下午如芳教她的。他更不知道，自己還偷學了一招，絕不要在老公面前批評婆婆，的確，能聽自己吐苦水的對象有那麼多，又何必一定要選擇跟婆婆最親的老公？

善用第三者溝通

「不」親上火線

車水馬龍的下班時間，大部份人都想趕快回到家休息，唯獨玉珍是例外，如果可以，她希望上班時間能夠再長一點，好讓她晚點回到家，不用再看到婆婆那張撲克臉。因爲這幾天，她跟婆婆正在冷戰中。

其實也沒發生什麼大不了的事，只是前天她回到家的時候，看到婆婆不知道餵女兒吃什麼，隨口問了一句：「媽，妳餵貝貝吃什麼？」

「這個啊，隔壁李媽媽介紹我買的，說給嬰兒吃的乳酸菌，日本買回來的耶！一般人要買還買不到。」玉珍把瓶子拿過來看，上頭全是密密麻麻的日文，一個字也看不懂，她不免有些緊張。

「這什麼乳酸菌啊？沒一個字看得懂，要不要拿去給小兒科醫生看啊？」

「就跟妳說是日本帶回來的，上頭當然都是日文啊！放心啦！李媽媽的孫子也是這樣吃，不是長得白白胖胖的嗎？不用擔心啦！」

婆婆這番話，並沒有讓玉珍更放心，她反而還覺得婆婆自作主張亂買營養品，來源也不知道安不安全，貝貝的體質也不知道適不適合食用。

「為了保險起見，還是先拿給小兒科醫生看，再決定要不要給貝貝吃好了。」

「我說沒問題就是沒問題，我是貝貝的阿嬤！難道阿嬤會害自己的寶貝孫女嗎？」見婆婆有點不高興了，玉珍也不好再說什麼。

沒想到從這天晚餐起，婆婆就開始板著一張臉，有什麼話要跟玉珍說，也只叫老公慶鴻轉達，幾天下來，弄得玉珍心裡也很不好受。

明明是婆婆問也沒問，就自作主張地買了不知名的保健品來餵女兒，她好心提醒該注意的，婆婆卻臭臉相對。

「妳亂餵女兒我都沒說什麼了，有必要擺臉色給我看嗎？」

另一邊的婆婆更不高興，覺得自己為了孫女好，特地托人買這麼昂貴的乳酸菌，媳婦不知感激就算了，還懷疑她準備的東西不好，要拿去給醫生鑑定才行？想到就讓人生氣！

婆媳倆就這麼冷漠相對了好幾天，誰也不肯先讓步。直到這個週末，慶鴻當護士的表姐艾薇來家裡拜訪。

艾薇老家在南部，幾年前北上就讀大學時，曾在慶鴻家借住了四年，所以跟慶鴻一家人感情都很好，即使現在忙於工作，每隔一段時間還是會來看看他們。

這幾天因爲跟媳婦嘔氣，臉色一直不太好看的婆婆，看到最疼愛的外甥女來訪，總算有了笑容。

「舅媽！好久不見，妳怎麼還是這麼年輕啊！」

「老嘍！妳看我都當阿嬤了。」婆婆抱著小孫女笑呵呵地說。

「哇！貝貝長大好多好可愛喔！都是阿嬤跟媽媽照顧得好對不對？」艾薇抱起貝貝逗弄。

有客人來訪，家裡氣氛總算緩和了一些，大夥坐在客廳裡話家常。

「貝貝現在幾個月啦？」艾薇問。

「前幾天剛滿六個月。」玉珍不虧是媽媽，對小孩的年紀總是記得一清二楚。

「那開始吃副食品了嗎？」當護士的艾薇，果真三句不離本行。

「有有有，我熬了一堆大骨湯煮稀飯咧！」婆婆話還沒說完，就起身去拿她那罐日本買回來的乳酸菌遞給艾薇看，「還有這罐，我特地托人家從日本買回來的喔！」

「這是什麼?」

「妳不知道喔?這日本很有名的乳酸菌啊,專門給嬰幼兒吃的,人家說吃了很好耶!」婆婆有點得意地說,玉珍在一旁看了,也不知該應和些什麼。

「舅媽妳真疼孫女耶!貝貝好幸福,阿嬤這麼愛妳!」

艾薇的讚美讓婆婆很開心,臉上盡是滿足的笑。

「不過,舅媽,這上頭都是日文,也不是經過台灣衛生署核准的保健食品,我會建議妳還是拿去給小兒科醫師看一下!」

聽到艾薇這麼說,婆婆愣了一下,而玉珍內心則是一陣竊喜。

「幹麼還要拿給醫生看?這很多人吃也都沒問題啊,不用這麼麻煩吧!」婆婆試圖說服艾薇。

「每個孩子體質不同嘛,可以先拿去給醫生做專業判斷,再決定要不要花這個錢啊!說不定貝貝很健康,根本不需要補充這種東西,舅媽妳也不用這麼辛苦還託人買來嘛!」艾薇笑笑地說,「像我們醫院也是有很多婆婆媽媽,要給小孩或長輩補充什麼保健品時,會先詢問醫師意見,不會白花錢也吃得比較安心!」

婆婆點點頭,沒再說什麼。

傍晚送艾薇離開時，玉珍特地跟她道謝，謝謝她解決了自己這些天來一直無法解決的困擾。

「別謝了，要謝就謝妳老公吧！」艾薇指指她身邊的慶鴻。

「他？跟他有什麼關係？」玉珍一頭霧水。

「是妳老公特地打來給我，要我想想辦法勸勸舅媽的。」

玉珍沒料到，平時木納的老公竟會想到這個辦法，她不可置信地看著慶鴻。

「沒辦法，妳跟媽誰也不肯先低頭，我只好找個『第三者』來調解嘍！剛好艾薇是護士，跟我們一家又都熟，不找她幫忙找誰？只是對艾薇比較不好意思就是了。」慶鴻摸摸頭，有些不好意思地說。

「這小事啦，我們也常遇到產婦或媽媽來拜託醫生，用第三者的立場去調解婆媳間遇到的教養問題！有時候外人說的話，其實老人家還比較聽得進去！」艾薇接著小小聲地說，「玉珍，跟婆婆意見不和，不是妳才有，但與其直來直往急著徵求婆婆認同，我建議妳不如轉個彎去想，有沒有其他人可以幫忙妳跟婆婆協調。大家都是爲了孩子好！想想這點，就不要再跟老人家嘔氣了。」

玉珍感激地點點頭，至少她知道，在育兒這條路上她不是孤軍奮戰了。

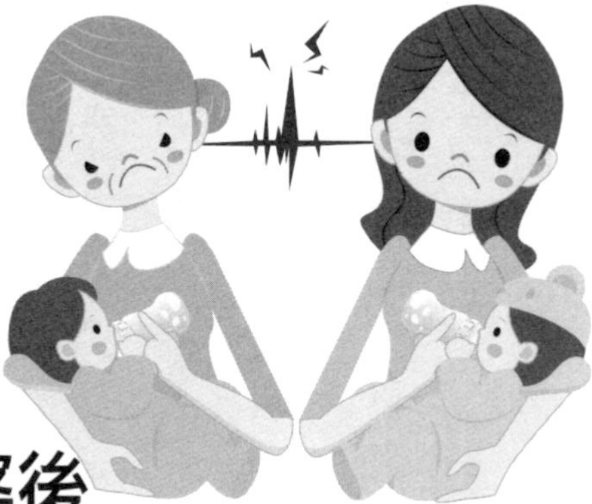

孩子託給婆婆後

教養戰爭一觸即發

Chapter 3

吃飯時間

等於頭痛時間

婆婆不洗手，奶瓶不消毒、卡奶垢，衛生問題搞瘋我！

「哇！」地一聲，熟睡中的寶寶突然哭了，才剛回到婆家的奕潔緊張地衝到房間察看，深怕婆婆早她一步抱起女兒餵奶，而奶瓶又可能是沒洗乾淨或是卡了一堆奶垢在上頭的。女兒蒨蒨出生這幾個月以來，她已經爲了婆婆的衛生問題不知生了幾回悶氣。

因爲是在月子中心坐月子，寶寶幾乎都是護理人員或自己照顧，所以奕潔還感受不到跟婆婆生活習慣的差距，直到產假結束，她白天把蒨蒨托給婆婆照顧後，問題一個一個浮現了。

先是她發現婆婆沒有隨時洗手的習慣，抱小孩前、餵奶前，婆婆總是一雙沾滿油污或怪味的手就伸過來抱起蒨蒨或泡奶，奕潔自己明示暗示、請老公提醒，什麼方法都試了，婆婆卻總還是有忘記的時候。

最教她受不了的是，產假還沒結束前，她特地去買了一台奶瓶消毒機放婆家，也教了婆婆怎麼使用，但好幾次她下班回婆家接蒨蒨時，總看到奶瓶濕答答地擺在廚房流理台上，頭幾次她還能好聲好氣地提醒婆婆：

「媽，我不是買了消毒鍋嗎？妳洗完奶瓶就放進去，按這個開關，燈滅了就消毒好了，很方便的。」

「有啊有啊，我有用啦！那是剛才洗好，還來不及放進去消毒啦！」婆婆有點不好意思地說。

「最好是！消毒鍋都快生灰塵了，我從來沒看妳用過！」奕潔在心裡偷偷嘀咕，覺得婆婆根本是睜眼說瞎話。

跟老公裕民反應，裕民也只能無奈地苦笑，安撫她會多跟母親溝通，但狀況卻一點也沒改善。

唉，越想越煩悶，奕潔搖搖頭，阻止自己再想下去，抱起床上的女兒走到廚房泡奶，果然，奶瓶又是擺在流理台上晾乾，最讓她抓狂的是，瓶口居然卡了一層奶垢！

懷裡的蒨蒨還哭鬧著要奶喝，她強逼自己忍住這口氣，用最快速度把奶瓶洗淨、熱水沖過，還在忙時，婆婆就過來了。

「蒨蒨餓了喔，不哭不哭，媽媽泡奶，阿嬤抱！」

奕潔定睛一看，婆婆又把手往身上抹一抹，打算把女兒接過去抱，她再也無法忍耐了！

「媽！我提醒過妳好多次了，抱小孩之前要記得洗手啊！還有啊，我剛看奶瓶又擺在流理台上忘了消毒，蒨蒨還這麼小，萬一把細菌吃下肚怎麼辦？」

「哪有這麼嚴重啊，我家裡又不是沒打掃，奶瓶用過也都有洗啊！」婆婆不明白奕潔在火大什麼，一把抱過蒨蒨催促著她「好啦，動作快一點，沒看小孩哭成這樣。」

婆婆的態度讓奕潔更火大，她老大不高興地泡好奶，把女兒從婆婆懷裡搶過來，一屁股坐到客廳沙發開始餵奶。

眼見婆媳倆的衝突一觸即發，裕民下班回到家了。

「蒨蒨，把拔來接妳回家嘍！今天有沒有乖乖聽阿嬤的話啊？」

客廳一片沉默，沒有人接話，裕民覺得有點不對勁，「媽、奕潔，妳們怎麼啦？今天怎麼這麼安靜？」

「怎麼了？」裕民母親指著奕潔，「問問你老婆吧！莫名奇妙不知道在不高興什麼。時候不早了，快帶蒨蒨回去休息吧！我也累了，今天晚飯不煮了。」老人家揮揮手，不想再多說什麼就進房去了。

裕民一頭霧水地望向老婆，奕潔則覺得自己滿肚子的怨氣已經累積到最高點了！她把女兒塞給裕民，氣沖沖地開始收拾東西。

「走啦，媽都開口趕我們回家了，還待著幹麼？」

語畢，奕潔開門就走，裕民只好抱著女兒跟在後頭。

「老婆，妳跟媽到底怎麼啦？怎麼火氣都這麼大？」

奕潔走在前頭不發一語，心裡卻是滿腹的委屈。什麼嘛！現在是在兒子面前裝可憐嗎？一副好像都是我在無理取鬧的樣子！

奕潔氣了一整晚，連帶地對裕民態度也很冷淡。

隔天去上班，她忍不住跟最要好的同事小詩抱怨起這件事。

「我真要被我婆婆搞瘋了，每次看到她伸出那雙油膩膩的手抱我女兒，我真的好想大喊住手！」

「妳看開點啦，給長輩帶就是這樣，像我小孩是請娘家媽媽帶的，一開始也是因爲生活習慣彼此磨合很久啊！」

「至少妳那是娘家媽媽，比起婆婆好講話多了，妳都沒看到我婆昨晚那張臭臉，好像我欠她幾百萬似的。」奕潔無奈地不得了。

「其實事情沒妳想得這麼嚴重啦，妳氣婆婆奶瓶不消毒、洗不乾淨，那就多買幾支奶瓶放婆家啊！然後妳去接女兒時再自己洗好放進消毒鍋，那至少明天妳女兒用到的都是乾淨奶瓶吧！」小詩給了這個建議，「至於婆婆不洗手這種生活習慣，坦白告訴妳，就連我老公也不是每次都記得啊，更何況老一輩他們的年代，哪有什麼抱小孩前要先洗手的常識！」

小詩這番話，讓奕潔稍稍冷靜了一點。

「妳這樣說好像也沒錯，可是……我昨天跟我婆鬧得好僵喔！早上把女兒送去給她時，我們也都沒講話，晚點下班去接小孩時要怎麼辦啊？」想到再過幾個小時又要跟婆婆見到面了，奕潔苦惱地不得了！

「能怎麼辦？就當沒事啊！記得找老公一起進婆家門，奶瓶也讓他交給婆婆，免得婆婆覺得妳在針對她。就說帶小孩辛苦，請她以後不用忙著洗奶瓶了，都留到妳下班回去再洗就好，做媳婦的都主動釋出善意了，婆婆應該不會太刁難了吧？」

「希望啦！不過，小詩想不到妳這麼厲害耶！一下子就替我想到這一些方法。」奕潔佩服地說。

「妳以為我天生就這麼會跟長輩打交道喔？這些啊，都是跟我媽吵那麼多次架的經驗累積！」

小詩攤攤手，一臉無奈的表情，讓奕潔忍不住笑出來了！

餵不餵母奶不能讓我作主嗎？

忙了好幾個小時，如芬終於餵飽兒子、擠好母乳，總算可以稍稍坐下來休息了。她翻開行事曆開始算日子，請了半年的育嬰假，眼見要接近尾聲，應該開始盤算預留在婆家的母乳數量了，還在思考時，電鈴就響了。

怕吵醒兒子，如芬連忙去開門，果然跟她猜的一樣，是婆婆來看孫子了。

「小峰，奶奶來看你嘍！」婆婆腳還沒踏進門，聲音就先到了。

「媽，小峰剛睡著。」如芬比了個噓的手勢，暗示婆婆小聲一點。

婆婆於是輕手輕腳地坐下，拿出一張廣告單給如芬看。

「這早上經過附近的婦嬰用品店在發的，最近剛好在促銷，妳參考看看。」

「謝謝媽，不過我們前幾個禮拜才去了賣場一趟，把該買的補齊了，這廣告單我先留著做參考好了。」如芬笑著謝過婆婆的好意。

「奶粉呢？妳奶粉也買了嗎？買哪個牌子？有沒問過人家哪個牌子好？」

奶粉？婆婆不是知道自己一直都是全母乳在餵小峰嗎？

「奶粉？不需要啊！小峰一直都是喝母奶，媽妳知道不是嗎？」

「妳不是要回去上班了？母奶要怎麼餵？還有啊！我聽人家說母奶過六個月就沒營養了，妳也餵快六個月了不是嗎？那當然要換營養成份高一點的奶粉啊！」

如芬嚇了一大跳，她不知道婆婆從哪聽來六個月後母奶沒營養這種話。她更沒想到，婆婆會連自己要餵兒子母奶還是配方奶都有意見。

「媽，我回去上班後還是可以繼續餵母奶啊，我很多同事都是擠出來再用奶瓶餵的，我會再買一台溫奶器放妳那邊，到時候再麻煩妳了！」如芬跟婆婆解釋。

「蛤？妳還要再餵？六個月以後的母奶不是沒營養了嗎？這樣對孩子好嗎？」

「媽，沒有這種事啦！母奶能餵久一點對寶寶最好啊，從懷孕開始，醫生就是這樣告訴我的。而且餵母奶不但可以降低寶寶過敏的機率，也比較省錢，也算是一舉兩得啊！」

如芬盡可能解釋地再詳盡一點，希望婆婆可以理解並接受她的打算，沒想到婆婆卻好像聽不懂一樣。

「不能這樣啦！怎麼可以爲了省錢就不管小孩的營養呢！」

如芬真懷疑婆婆是不是聽不懂國語耶，剛才自己不是解釋地很清楚了嗎？

「媽，餵母奶不是爲了省錢！就是爲了讓小峰吸收最營養的，我才堅持繼續餵下去啊！」如芬努力控制讓自己的語氣聽來溫和，但其實心裡已經對婆婆不高興了，同樣地，婆婆的口氣也開始不耐煩了。

「跟妳講，講不通啦！晚上我再跟阿男講，我要先回去了！」

不等如芬搭話，婆婆徑自開門回家了。

望著婆婆離去的背影，如芬連再見也說不出口，她實在悶到極點了！

明明就是婆婆自己認知有誤，堅持六個月後母奶沒營養這種謬論，好好跟她解釋也不聽，現在居然還要跟老公講？有必要搞成這樣嗎？

※

幾個小時後老公回到家了，果然一進門臉色就不太好看地問如芬：「媽下午來時到底發生什麼事了，她今天氣沖沖地打給我。」

老公不是太友善的態度，讓如芬憋了一下午的氣，也爆發出來，吼著說：「氣？她有什麼好氣的？該氣的人是我吧？小峰是我兒子耶，我要不要餵母奶，還要經過她同意？別的媽媽是嫌餵母奶太累，恨不得改餵配方奶，熱水泡一泡省事。我爲了兒子健康，堅持上班後繼續擠奶，有什麼不對？你不體諒我的辛苦，還跟你媽同一陣線來質問我是怎樣？」

「妳幹麼？我只是問妳下午發生什麼事，莫名奇妙對我發火幹麼？」阿男上班一天已經夠累了，回到家連椅子都還沒坐熱，就被老婆發了這頓脾氣，心情自然也好不到哪去「妳要氣就繼續氣，我餓了，出門找飯吃去。」

看著老公出門的背影，如芬也一肚子火。她心想，要靠老公去跟婆婆溝通餵母奶的事，是不可能了，爲了孩子好，絕對要想盡辦法，讓婆婆在育嬰假結束前，接受並協助她持續餵母奶下去。

於是隔天一早，她主動打破僵局，要老公打電話約婆婆，這個週末一起帶小峰去打預防針。如芬放低姿態，阿男高興都來不及了，哪還會再跟老婆計較前一晚的事。

週六一早，如芬一家三口接了婆婆便往診所出發了，打預防針前，醫生先替小峰做例行的健康檢查，翻看健康手冊裡如芬填的生長記錄。

「現在還是全母奶呀，媽媽辛苦了！」醫生笑瞇瞇地對如芬說。

「不會啦，母奶對寶寶最好嘛！」

婆婆聽到這，忍不住插嘴了。

「醫生啊！我媳婦這母奶餵了要半年了，她還打算繼續餵耶！」

「那很好啊！媽媽很有心喔！」

「哪裡好？不是說六個月以後的母奶沒營養了嗎？我要她趁育嬰假結束前趕快選好奶粉，她竟然說不需要。」婆婆很不以爲然。

「奶奶，六個月的母奶沒營養，那是錯誤觀念。」醫師接著跟如芬婆婆解釋，母奶裡的成份對寶寶健康幫助有多大，配方奶再怎麼仿造，也絕對不可能取代母奶能供給的營養成份。

「而且啊，您媳婦願意再繼續餵母奶，是很值得鼓勵的！因爲餵母奶真的是辛苦到媽媽呢！您的寶貝孫子很幸福，媽媽這麼用心！」醫師這麼說。

接下來打完預防針到回家前，婆婆都沒再說什麼話了，當晚，她撥了通電話給阿男：「跟如芬說，那天她好像有說什麼溫奶器，記得早一點買一台放我這！不然她接下來要回去上班了，我會手忙腳亂的。」

電話掛上後，阿男迫不及待地衝到房裡找如芬。

「老婆，妳真的太聰明了！想到帶媽去診所這招，讓醫生幫妳說服她餵母奶這件事，她剛打電話來，要我們趕快把溫奶器買好放她那邊耶！」

「當然啊！等你幫我想辦法，我看我早就被媽盯得滿頭包了，以後老婆大人的話要不要聽啊！」

「聽聽聽，聽某嘴大富貴嘛！當然一定聽！」

寶寶該吃副食品了，婆婆意見一大堆

週五的下班時間到了，嘉欣匆匆跟同事道別打卡後，就急忙下班，因爲她還趕著去有機商店採買食材，好在這個週末替女兒樂樂準備副食品。

樂樂剛滿七個月大，前幾週才開始嚐試米糊和水果泥，適應得還不錯，嘉欣也很認真地翻閱了好幾本相關書籍，請教有經驗的同事朋友，決定下週讓女兒進階品嚐蔬菜高湯。在有機店裡，她興致勃勃地挑選食材時，手機卻響了。

「嘉欣啊，下班沒？要等妳吃飯嗎？」是婆婆打來的，通常嘉欣去接女兒時，都會順道在婆家晚餐再回自己家。

「媽，抱歉抱歉，我應該先打個電話跟妳講的，我在買菜要給樂樂弄副食品啦，快買好了，你們餓了就先吃，別等我。」

「買菜？不用買啦！我明天再去菜市場買大骨回來熬湯啦！妳先回來吃飯！」嘉欣還來不及回話，婆婆就把電話掛上了，留下她在手機這頭，滿肚子疑問。

買大骨熬湯？那不會太油嗎？書上的建議是先讓寶寶從蔬菜類吃起耶！嘉欣越想越擔心，她撥電話給老公恩銘，要他跟自己一起回去。

果然夫妻倆一進家門，婆婆看到嘉欣手上一袋滿滿的菜就開口了：「我不是說不用買了嗎？明天一早我再去市場買新鮮大骨來熬湯就好了！」

嘉欣趕緊對恩銘使使眼色，要他跳出來說話：「媽，是我叫嘉欣還是買回來的啦！樂樂出生時抽血驗的過敏指數有點高，所以醫生那時有建議我們，如果給她吃副食品，要循序漸進慢慢添加食材，先試蔬菜水果再讓她吃肉類，一下子讓她吃大骨稀飯，我怕她會過敏起疹子。」

「吃稀飯會起疹子？哪有這種事？你們小時候也是這樣吃啊，哪一個有出過問題。」婆婆很不以爲然。

嘉欣早料到婆婆會不認同，所以回家前早跟老公套好說詞，也講好都讓恩銘來解釋。

「媽，以前空氣污染沒有現在嚴重啊，生活環境改變，過敏原也跟著增加了。像我好幾個同事的小孩也都是過敏體質，東西一吃錯就起疹子全身癢，小朋友很受苦的！」

「真的假的？這麼嚴重？」婆婆真的是第一次聽到這種事。

看婆婆好像有點接受恩銘的話，嘉欣立刻順勢接話：

「因爲每個小孩體質不同嘛！所以醫生有建議我們吃副食品的時候要當心一點，所以媽妳先不用急著去市場買大骨，等蔬菜吃了幾個禮拜，樂樂適應地很好了，到時候再麻煩媽，也順便教我怎麼熬大骨湯好嗎？」

「喔，好啊好啊！醫生都這樣建議了，那我就過陣子再弄大骨湯吧！」

婆婆的回答，讓嘉欣偷偷鬆了一口氣，當然她也沒忘了在睡前大大地感謝老公的配合，否則光靠她一個人，大概無法說服婆婆吧！

孩子不坐餐椅，吃飯從此像賽跑

晚餐時間，詩妮才剛從繁忙的工作抽身，塞了近一個小時的車回到家，門還沒完全打開，就聽到婆婆高分貝的呼喊：「小威啊！來奶奶這邊吃一口飯。」

又來了！詩妮在心裡大喊，每到吃飯時間，家裡就跟戰場一樣。婆婆老是任由兒子小威邊吃邊玩，甚至在餐桌邊跑來跑去，追著餵飯，讓兩歲半的小威吃飯就像在玩一樣。她也曾經想盡辦法訓練小威吃飯的規矩，但一把小威放上餐椅，婆婆聽到孩子不依的哭喊聲，不是急著把心肝孫子抱下來，就是要詩妮別這麼嚴格：「這麼小的孩子，妳要他乖乖坐著吃飯怎麼可能！等他大一點再說啦！」

「媽，就是要趁還小的時候訓練，等他再大一點妳要他坐餐椅，就更困難了！」詩妮試圖說服婆婆。

「不會啦！不會啦！到時候再說。」婆婆揮揮手，完全不接受媳婦的說法。

老公育緯怕老婆跟母親吵起來，只好跳出來打圓場：「老婆，妳別急！我們一步一步來！坐餐椅的事之後再說。」

於是詩妮買的那張餐椅，就再也沒用過。

※

平常在家吃飯跑來跑去也就算了，偏偏前幾個禮拜，詩妮跟老公育緯帶小威參加朋友的婚禮，同桌朋友的孩子們，有一歲多的、有上幼稚園的，每個都能好好坐在椅子上用餐，唯獨小威，簡直是滿場跑，夫妻倆爲了追他回來吃飯，幾乎一口菜都沒吃到。回家路上，詩妮氣得對老公發飆：「好了吧！你們愛寵，寵到小孩吃飯不用乖乖坐好，你看剛才的情況有多丟臉。」

育緯當然也對小威剛才吃飯的表現很不滿意，但小孩是自己媽媽帶的，他又能怎麼樣？

這天之後，詩妮對婆婆放任小威吃飯跑來跑去的行爲，越來越看不下去，她把那張被收起來的餐椅再拿出來，也把那天小威在宴客會場的表現告訴婆婆，沒想到婆婆還是不以爲意，甚至告訴她：「我去給人家請客，也是常看到別人的小孩跑來跑去！不然下次妳跟育緯去吃喜酒就好，小威留在家裡給我帶！」

於是那張餐椅，又被收回儲藏室裡。

詩妮真的覺得跟婆婆是有理說不清，她的困擾不是不想帶兒子去吃喜酒！而是希望小威培養用餐的禮儀和規矩，婆婆怎麼就是聽不懂呢？

然後今天回到家，又聽到婆婆追著餵飯的聲音了，詩妮推開家門，果然就看到兒子拿著玩具坐在客廳，邊吃飯邊玩，她簡直氣炸了！

「小威！跟你講過多少次，吃飯要坐在餐桌吃，你在幹什麼？」她走到兒子身邊，把玩具沒收，口氣越來越兇「坐回去餐桌吃飯！」

小威被媽媽突如其來的斥責嚇到了，他放聲大哭，聽得婆婆好心疼。

「這麼大聲幹麼？小孩都被妳嚇哭了，有話不能好好講嗎？小威乖，阿嬤秀秀喔！」

「好好講？我好好講有用嗎？我不只一次好好說過，應該要訓練他坐在餐椅上吃飯，結果有用嗎？」

「妳是在怪我？覺得都是我的錯？我沒把小孩教好？」婆婆也火大了。

眼見婆媳的衝突一觸即發，育緯回到家了。

「我回來了！」

聽到兒子回來，婆婆好像有了靠山，老大不高興地對育緯說：

「你回來的正好，替我問問你老婆，她對我是哪裡不滿意，餵小孩吃個飯也要被她這樣挑剔！」

「我明明就不是這個意思！妳爲什麼要這樣講呢？」詩妮不滿地抗議。

左邊老媽一句埋怨，右邊老婆一句反擊，育緯夾在兩個女人中間好爲難，他試圖緩和氣氛。

「媽，老婆，有話好好說嘛！小威看到阿嬤跟媽媽這樣，會被嚇到啦！」

婆婆抱著小威回到餐桌，不想再多說話，詩妮則是埋怨地看著老公，一肚子火氣無處發洩。

這一晚，家裡三個人心裡都很不好過。

婆婆覺得媳婦找自己麻煩，連孩子吃飯的方式也要規定她。

詩妮覺得婆婆太不尊重自己，也太沒原則，才會讓小威的吃飯習慣變成這樣。

育緯呢，則覺得母親和老婆無端把小事化大，就吃個飯而已！這有什麼好吵的？

隔天一早，詩妮把小威交給婆婆，連早餐都沒吃就出門上班了，她冷漠的態度讓婆婆更火大。

「你看你看，這是對長輩該有的態度嗎？」她氣得直跟兒子埋怨。

育緯一時之間也不知道怎麼安撫母親，他只知道，一定要想個辦法解決，不能讓這兩個女人的戰爭越演越烈。

到了公司，還算是早餐時間，育緯正好聽到同事們你一言我一語的討論，好像在聊昨天晚上播出的新聞。

「聊什麼啊你們，一大早就這麼熱鬧？」

「小萱在說她昨晚吃飯時剛好目睹新聞事件，超精彩的！」

「什麼精彩，超恐怖的好不好！」

育緯聽得一頭霧水，滿腔疑問。

「什麼新聞，你們也講一下啊！」

「就昨天晚上我們全家去吃小火鍋，一個大概一、兩歲的小孩在店裡頭跑來跑去，結果撞到店員，一鍋熱湯就這樣打翻燙到小孩，連救護車都來咧！」

「太恐怖了！」

「對啊，後來晚點回家我就看到新聞了，好像是小孩的家長對店家很不滿，投訴到新聞台去。」

「就是有這種家長，自己小孩不顧好，放任他在店裡跑來跑去，出了事還怪別人。」

「所以在我家，小孩吃飯就一定得坐在椅子上。不然，誰敢保證永遠不會發生這種意外啊。」

同事裡，有好幾個也都生小孩了，所以這類新聞特別容易引起他們共鳴。

育緯聽著，心裡百感交集，他突然了解老婆為什麼這麼堅持讓孩子坐餐椅吃飯，如果那天去吃喜酒，跑來跑去的小威也這樣被熱湯燙到了呢？那麼該怪服務生不長眼，還是自己跟母親不把詩妮之前的堅持當一回事？他真的不敢再想下去。

晚上回到家，育緯趁詩妮把小威帶去洗澡時，趕緊把電視打開轉到新聞台，他想碰碰運氣，看能不能找到同事早上在討論的那則新聞。果然轉沒幾台，他就看到同事口中那對沒把小孩顧好的父母，在鏡頭前泣訴火鍋店家的疏失，害自己的寶貝被燙傷。

育緯有點刻意且大聲地朝著電視自言自語：「怎麼燙成這樣，太可怕了吧？」還在餐桌收拾碗盤的婆婆，聽到育緯的聲音，探過頭來問：「這麼大聲，發生什麼事情啊？」

「這則新聞啊，你看這個小孩，跟小威差不多年紀，跟家人去吃火鍋的時候被燙傷了。」

「怎麼這麼不小心啊？被燙到很痛的，好可憐的小孩！」

「早上我同事才在講這件事咧，她剛好跟家人去這間火鍋店吃飯，好像說是因爲小朋友吃飯坐不住，在店裡跑來跑去，所以才會被燙到的。」

「這麼嚴重？」

見到母親的反應，育緯立刻順勢著說：「對啊！所以媽，我看我們還是把那張餐椅拿出來吧！趁早訓練小威願意坐在上頭吃飯，在家裡他跑來跑去當然沒關係，但到外頭餐廳呢？如果他還是吃飯時跑來跑去，我們誰能保證不會發生新聞裡那種意外？」

「我也是有試過啊！但你又不是沒看到，一把他放上去餐椅，就哭成那樣。」

婆婆替自己辯駁。

「這就只能我們多堅持下去了！我幾個同事說，他們就是跟小孩比誰有耐性，大人堅守原則，小孩再怎麼哭鬧，最後也只好乖乖聽話，認份地坐在椅子上吃飯。而且妳別擔心啊！這件事我會叫詩妮多費點心的，她一定也會很感謝媽的配合。」

「也對啦，像剛那新聞裡的父母，等到意外發生再來怪誰都沒用了，等等我就把那張餐椅搬出來。」這招總算奏效了！育緯在心裡偷偷得意，想著等會一定要跟老婆好好地邀功！

餐桌小皇帝，婆婆妳要餵到幾歲？

「媽，我芳儀啦，今天工作比較多，會晚點回去，晚餐你們先吃，不用等我喔！」

芳儀是職業婦女，平常跟公婆住在一起，兩歲多的女兒圓圓也就理所當然地是婆婆幫她帶，下班回家後她再接手過來自己照顧。芳儀自認對小孩沒什麼耐心，而婆婆跟女兒的相處，也的確比她有耐性、細心多了，所以這些年來，婆媳間對這樣的生活模式都還算滿意，沒起過什麼大爭執。

但圓圓兩歲之後，芳儀漸漸對孩子的某些行為不太能接受，像是出門開始會吵著買玩具，芳儀後來發現，原來是婆婆帶圓圓出去時，總會買東西給女兒，才養成她這個習慣；或是圓圓開始會用命令式的口吻要阿嬤幫她倒水、拿東西。芳儀不只一次告訴婆婆，圓圓越來越大了，不需要再像照顧小BABY那樣無微不至的對待，但婆婆總是不以為意。這不免讓芳儀開始擔心，女兒依賴心會不會太重了。

七點半，芳儀總算結束工作回到家了，打開家門卻看到圓圓還在吃飯，而且竟然是婆婆一湯匙一湯匙慢慢在餵。

「媽，我回來了。圓圓，怎麼吃這麼久，還讓阿嬤餵？」她嚴肅地問女兒。

「沒有啦，今天比較晚開飯，她自己吃得又慢，阿嬤餵比較快嘛！」婆婆果然覺得沒什麼。

「媽，圓圓要三歲了，可以讓她自己吃飯了。」芳儀很直接地告訴婆婆。

「會啦會啦，再大一點我就會教她了。」芳儀婆婆是好脾氣，還是笑笑地跟媳婦說話。

但接連下來幾天，婆婆並沒有改變餵飯的行為。

好幾次芳儀回到家，仍舊看到婆婆很有耐性地一口一口餵圓圓晚餐，一開始她還能口氣溫和地提醒婆婆，讓女兒學著自己吃飯，但幾回下來，她發現婆婆根本完全沒把她的話放心上。芳儀從小個性就很獨立，凡事都是自己來，所以其實很不能接受，女兒吃一頓飯，完全不用自己動手，因為圓圓只要嘴巴張開，阿嬤就會自動把飯送進嘴巴裡，這在婆婆看來很正常的餵飯行為，在芳儀看來卻是寵溺。請婆婆改變無效，她轉向跟老公志誠反應，結果卻更讓她失望。

「媽不是說了，等圓圓大了就會讓她自己吃飯嗎？」老公這麼無所謂的態度，讓芳儀很不高興，「等她大了？她都快三歲了，還不夠大啊？」

「她總有一天會的嘛！妳緊張什麼呢？」志誠真的不懂，老婆在火大什麼，才兩歲多的孩子，阿嬤餵她吃飯有什麼不妥？

他不了解，芳儀在乎的是教養態度，她擔心再這樣下去，婆婆會習慣凡事都幫孩子打理好，她不希望自己的孩子依賴心越來越重，長大之後無法學會獨立，但老公和婆婆的回應，實在讓芳儀不知道該怎麼辦才好，她又不想因為這件事跟婆婆鬧得不愉快，所以苦惱地不得了。

隔了幾天，芳儀跟老公帶著圓圓回娘家，回到家時正接近午餐時間，芳儀母親跟大嫂正在廚房忙。

「媽、大嫂，我們回來了，圓圓叫阿嬤，還有舅媽。」芳儀帶著女兒進廚房打招呼。

「回來啦！快可以開飯了，妳先帶圓圓到客廳跟祥祥玩。」

祥祥是芳儀大哥的孩子，大圓圓半歲，平時也是芳儀母親在帶的，前陣子剛去上幼稚園。

幾分鐘之後，飯菜都端上桌，一家人開飯了。

這天午餐因爲婆婆不在，芳儀趁機把湯匙拿給圓圓，要她自己吃飯，但她一轉頭，卻看到自己媽媽正在餵祥祥吃飯。

「媽，祥祥在學校已經會自己吃飯了，妳就讓他自己吃嘛！」大嫂跟芳儀一樣，不喜歡孩子這麼大了，吃飯還要人家餵。

「沒關係啦！我餵比較快嘛！你們大家先吃。」芳儀母親一邊說著還一邊把飯送進祥祥口中。

芳儀好像看到自己家餐桌的情景在娘家重演一樣，而大嫂跟母親，就好像是另一個她跟婆婆。

午餐吃完後，芳儀幫著收拾碗筷進廚房，大嫂正好在洗碗。

「大嫂，我來就好，妳去休息。」

「不用啦！妳難得回來，到外頭坐著跟大家聊天。」大嫂笑咪咪地說。

「沒關係，我在這幫忙，順道跟妳聊聊。」芳儀邊收碗盤邊跟大嫂聊天，「祥祥去上學，都還適應嗎？」

「現在好多了，剛開始上課的幾個禮拜，天天哭呢！好在總算慢慢習慣了。」

「畢竟才剛滿三歲嘛，會吵著要找奶奶或媽媽，是正常的，我聽好幾個同事說他們小孩去上課的情況，好像也都是這樣。」

芳儀知道大嫂個性很爽朗，讓她這個小姑相處起來很輕鬆自在，所以她決定把心裡的疑問提出來聊聊，「大嫂，我問妳個問題喔。」

「好啊，妳問。」

「祥祥之前還沒去上學，待在家裡時，媽也都會像剛才那樣餵他吃飯嗎？」怕外頭的家人聽到，芳儀刻意壓低音量。

「哈！妳果然也是媽媽，會注意這種只有媽媽才會在意的細節。」

「因爲我婆婆也是這樣啊！圓圓都兩歲半了，吃飯都還要人家餵，妳看像剛才阿嬤不在，她還是會耍賴地要我餵，真的很傷腦筋耶。」

「有跟婆婆建議過嗎？還是妳請志誠去跟她說？」嫂嫂認真地替芳儀想辦法。

「我講了沒用啊！至於我老公，算了吧！他根本覺得這沒什麼。」

「天啊！妳的情況會不會跟我太像了，我也是跟媽講沒用，而妳哥呢，就跟志誠一樣，覺得沒關係。妳的感覺我完全懂啊！」大嫂拍拍芳儀安慰她。

「蛤，那妳怎麼辦啊？」芳儀真的很希望大嫂教教她該怎麼處理。

大嫂神祕地笑了，小聲地告訴芳儀，「妳知道我爲什麼讓祥祥去上學嗎？」

芳儀還有點聽不懂，她疑惑地望著嫂嫂。

「不就是希望他早點學會生活常規，適應團體生活嗎？」大嫂繼續補充，「其實我也知道，長輩帶孩子就是這樣，總認爲他們還小，什麼都不會做，那與其讓祥祥待在家，凡事有阿嬤代勞，我寧可付點學費，讓他進入團體生活學習獨立。」

「那妳覺得有用嗎？」

「至少對我而言我覺得有效，他到學校去，就沒有人可以餵他啦！他再不習慣，也得想辦法學會自己收拾東西、自己吃飯。」

見芳儀認同地點頭，大嫂繼續說。

「我明白妳跟我一樣，都不希望孩子因爲是阿嬤帶的，所以依賴心越來越重，但我必須很直接地告訴妳，妳要長輩改變觀念和教養方式，說真的實在不太可能。妳只能有些小事別看那麼重，遇到跟妳的育兒理念抵觸實在太多的，自己去找解決方法，像餵飯這件事，我無法改變媽，那至少跟我和爸爸在一起時，祥祥一定就要自己吃，沒人會幫他。」

這番開導，讓芳儀很受用，她感激地對大嫂笑笑，也知道自己在日後面對婆婆時，心態還需要再做調適。

給零食才是疼孫子的表示？

「媽，我們回來了，來接湘湘回家了。」

週五的晚上，安倫跟老公阿達下班後回到婆家接女兒湘湘，六、日是他們一家三口的家庭日，也讓平時替他們照顧孩子的婆婆能喘口氣。

「把拔馬麻下班了，要帶湘湘回家嘍！」婆婆笑瞇瞇地將孩子抱給安倫，還另外拿了好一大袋東西給阿達「這今天帶湘湘去逛超市時買的，順便拿回去讓她這兩天吃。」

阿達接過袋子一看，裡頭全是巧克力、糖果、餅乾。

「媽，妳怎麼買這麼多零食啊！」安倫有點嚇到，也不知道要不要告訴婆婆，她其實是不太喜歡孩子吃太多垃圾食物的。

「孩子喜歡嘛！妳都沒看到下午在吃糖時，湘湘有多高興！一直抱奶奶親奶奶呢！」婆婆當然不知道安倫的想法，還很得意湘湘跟自己很親。

安倫聽了好傻眼，所以意思是，這孩子已經吃了一下午的餅乾糖果？

「媽，下次別買這麼多了，孩子會習慣的。」阿達也覺得不妥。

「不會啦！又不是天天買。時間不早了，你們快回去休息吧！」

※

一上車，湘湘就跟爸爸媽媽討糖吃：「糖糖，我要糖糖！」

安倫耐著性子阻止女兒，說：「湘湘，不可以，奶奶說妳下午已經吃過嘍！吃太多糖，蟲蟲會來吃妳的牙齒喔！」

然後她向坐在前座的老公說：「禮拜一送湘湘去媽那時，你再跟她講一下吧！我不想讓小孩吃太多零食，你應該也是吧？」

「當然啊！放心吧，我會再跟媽說的，妳別擔心。」

※

週一早上把女兒送去給婆婆時，阿達沒忘了提醒母親：「媽，那天妳買的餅乾糖果都還有剩，別再帶湘湘去買嘍！」

「好好好，我知道了。」

結果當天晚上安倫因爲加班，跟老公直到八點才到婆家去接女兒，一進門卻看到讓她幾乎要抓狂的場景，湘湘坐在阿嬤懷裡看電視，而手上正拿著棒棒糖！

安倫一時之間實在無法克制自己的情緒，她幾乎是用吼地對女兒說：「湘湘！妳怎麼又在吃糖？」

因爲安倫的音量不小，把所有人都嚇了一跳，弄得婆婆也不太高興了。

「這麼大聲做什麼？孩子都被妳嚇到了。」

安倫正想回話時，老公拉了拉她衣角，搶先一步回答婆婆：

「媽，我早上不是才跟妳說過，別再買糖給孩子吃了嗎？」

「我沒買啊，這隔壁劉媽媽給的。再說，就一根棒棒糖而已，你們有必要反應這麼大嗎？」

婆婆無所謂的態度，讓安倫更火大，連帶地說話口氣也不是太好。

「媽，都這麼晚了還吃糖，很容易蛀牙的，而且零食吃多對孩子健康不好啊！」

「才一根糖而已，對健康會有什麼影響？當做我沒帶過小孩嗎？妳問阿達他們小時候有沒有吃過糖？現在哪一個身體有問題？」

安倫沒想到婆婆這麼不可理喻！明明是她沒把阿達早上叮嚀別再給糖的話放在心上，現在居然反過來對他們夫妻發脾氣？有沒有搞錯？

怕母親和老婆吵起來，阿達趕緊把湘湘抱起來，要安倫別再說了，趕緊帶女兒回家休息。

從上車到回家後，安倫一直沒給老公好臉色，她是真的不高興了，覺得婆婆一點也不尊重她這個當媽的，晚點等女兒睡了之後，安倫隱忍一晚的情緒終於爆發！

「可以請你去跟媽好好溝通嗎？我不是完全不給小孩吃零食，但要適可而止吧？而且早上才跟她說過，晚上回去又看到小孩在吃糖，是怎樣！」

「老人家疼孫，喜歡看到孫子吃糖開心嘛，我會再跟媽說，妳別生氣了！」

「在我看來那不是疼，是寵！我不要每天下班回去，就看到小孩在吃那些沒營養的東西！」

「我知道，我一定會再提醒她好不好？妳上一天班也累了，早點休息嘛！」

隔天到公司上班時，安倫習慣性地先把電腦打開收信，第一封就看到同事轉寄給她的一則新聞，內容寫的是現在許多孩童都有過動或注意力不足的現象，可能就是因爲吃了過多含有人工色素或防腐劑的零食，專家建議家長在選購時要特別當心。

安倫突然有了想法，她決定把這則新聞印出來給婆婆看，因爲婆婆算是很信任所謂專家或醫生話的長輩，如果讓她看到這則新聞，或許也能讓她知道，自己這幾天阻止女兒吃零食的行爲不是在針對她，而是爲了湘湘好。想到這，安倫心情突然輕鬆了一點，也告訴自己晚上回去時，一定要控制住脾氣好好跟老人家溝通。

這天下班回到婆家時，沒再看到湘湘吃零食了，安倫心情好了一大半，她坐到婆婆身邊先示好：「媽，謝謝妳喔！有幫我們注意，今天沒讓湘湘在快睡前吃零食。」

安倫放低身段，讓婆婆很詫異，她也沒打算跟媳婦繼續僵持下去：「沒有啦！

阿達講那麼多次，不要讓小孩吃太多，我就稍微控制一下啊！」

見婆婆態度有軟化的跡象，安倫連忙從包包裡拿出那張印好的新聞。

「媽，這我同事今天給我看的新聞，妳看看。」

婆婆的反應果然跟安倫預想的一樣，「人工色素導致過動？這麼嚴重？」

「對啊！我本來也不知道，剛好今天看到這則新聞，想說印回來給妳看看。現在的產品真的不像以前那樣成份單純了，我看我們如果要買東西給湘湘吃，真的要小心一點了！」怕婆婆覺得自己在針對她，安倫特地用了「我們」這個詞，代表她也會跟著婆婆一起為湘湘吃的零食把關。

婆婆認同地點了點頭，甚至還提醒安倫：「那妳等等回去看看，上次我買的那一大袋餅乾糖果，有沒有這新聞裡說的什麼色素啊防腐劑的，有的話就別再給湘湘吃！」

聽到這句話，安倫在心裡偷偷鬆了好一大口氣，總算讓婆婆接受她的想法了！

孩子生病了

婆媳關係也出狀況

不管大病還小病，都是媽媽沒顧好？

「咳！咳！」半夜睡得正熟時，婉琪被兒子宏宏的咳嗽聲驚醒，起身一摸宏宏的額頭，有點熱熱的，她趕緊拿出耳溫槍替孩子量體溫，剛好三十七點五度，所以她決定先不急著退燒，明早起床再看看孩子的狀況。

只是，如果明天被婆婆知道，一定又要責怪她沒把孩子顧好了。從小宏宏只要身體有點不舒服，婆婆就會朝著婉琪說：「孩子是怎麼顧的，怎麼會讓他感冒了呢？」

不管是有心還是無意，婆婆這種話，就是會讓婉琪覺得她瞧不起自己是全職媽媽，只要孩子稍有差池，全都是她這個做媽的錯，婉琪越想越煩，幾乎一整晚都沒睡好。

隔天起床因爲宏宏開始有點發燒了，婉琪先跟幼稚園請假後，便帶他去看醫生。就這麼剛好，他們母子回到家沒多久，婆婆的電話就來了。

「婉琪啊！我前幾天去菜市場買了幾件冬天的厚衣服要給宏宏，妳等等記得過來拿。」

公婆跟婉琪夫妻住得近，對他們也算照顧，常常買了什麼用的或吃的，就會打電話要他們過去拿，但對婉琪來說，今天這通電話打得真不是時候。

「謝謝媽，我再請家平下班順道過去拿。」

「妳下午過來拿就好啦，晚點剛好去接小孩下課啊。」

完蛋了，看來小孩感冒的事，是瞞不過婆婆了。

「喔，宏宏今天有點不舒服啦，所以今天他沒去上課。」婉琪小心翼翼地說。

「什麼？又感冒了嗎？去看醫生沒？」婆婆果然緊張起來。

婉琪想，什麼叫「又感冒了」？宏宏上次掛病號，也是快三個月前的事了啊！不過，她當然沒敢這樣回。

「沒事啦！醫生說最近幾天溫差大，本來就比較容易感冒，吃藥多休息就好。」

「既然知道最近天氣變化大，那妳這個當媽的就要注意一點啊！前幾天回來還活蹦亂跳的，今天就感冒了，可憐喔！」

雖然婆婆的反應完全在自己的預料之中，但婉琪聽了還是好在意！小孩生病，身爲媽媽的她，難道不心疼不難過嗎？她不懂爲什麼每回孩子生病，婆婆就要說是她這個做媽的沒顧好？

更教她生氣的事發生在晚上，家平下班一進家門就有點質問的口氣：「妳怎麼會讓媽知道宏宏感冒的事呢？我剛回家，她緊張地要命，抓著我問東問西的。」

「是她早上打來要我過去拿東西，宏宏都生病了我怎麼過去？只好告訴她啦！結果又被她說我小孩沒顧好！」婉琪跟老公解釋原因。

「所以才跟妳講不要告訴她小孩生病啊，就知道她一定會唸的，不是嗎？」

婉琪沒想到家平不但不安慰她，還反過來責怪她說話不小心，心裡覺得委屈。

「你不安慰我就算了，還講這種話！小孩生病我不難過嗎？爲什麼所有人都怪我？」

婉琪抱起兒子往客房走去，不想再跟家平說一句話。

※

房門一關起來，婉琪忍不住又氣又傷心地哭了！從昨晚到現在，爲了照顧兒子，她幾乎沒有睡，有沒有人來問她一句累不累？需不需要幫忙？婆婆這樣就算了，連自己最親密的另一半也這樣！

門外的家平卻完全不知道婉琪在氣什麼，他只是不希望老婆又因爲兒子生病被媽媽責怪，所以才要她講話小心一點，這有什麼好不高興的？

這晚，夫妻倆一個睡臥室，一個睡客房。

※

隔天因爲宏宏沒什麼大礙了，婉琪照常送他去上課，在學校門口遇到鄰居勤美送小孩上課。

「宏宏，你感冒好了嗎？有沒有乖乖吃藥。」勤美柔聲跟宏宏打招呼。

宏宏害羞地點點頭，跟媽媽揮手道別後，便開開心心地進教室去了。

「辛苦妳了，這幾天晚上應該都沒什麼睡吧？」

果然還是媽媽最懂媽媽的辛苦，勤美這短短的幾句話，讓婉琪感到好窩心！

「還好啦！看他恢復健康我就放心了，等等就可以回家補眠了」婉琪感激地笑笑「還是做媽媽的最明白，謝謝妳喔，勤美！」

「真的要做媽媽的人才明白，妳知道每次娃娃生病，我婆婆都說什麼？」

「該不會是怪妳沒把小孩顧好吧？」

勤美看婉琪想也沒想，答案就脫口而出，忍不住笑了出來。

「哈！妳婆婆一定也一樣，不然妳怎麼一猜就中。」

「我真的搞不懂耶！小孩生病最難過是媽媽，爲什麼婆婆還要講這種話？」

「我也搞不懂我婆婆，明明我家娃娃下課是先去奶奶家，我們下班再去接，奶奶照顧她的時間比我長，每回小孩生病還是怪我小孩怎麼顧的。」勤美無奈地說。

「那妳都怎麼回她啊？」

「我啊，從一開始的好好解釋到生氣，到現在我已經無所謂了。」勤美一派輕鬆地說，見婉琪一臉訝異，她又接著補充，「真的啊！我後來發現這句話是長輩們的口頭禪，因爲有次我媽知道娃娃生病了，也脫口而出這句話，我就看開了。」

「好像是應該要像妳這樣調適心情。」

「是啊！難不成叫老公去請婆婆不要再說這種話嗎？那只會讓她更覺得是我在跟老公告她的狀吧。」

回到家後，正想好好休息的婉琪，看到家平留在梳妝台的紙條：老婆，這幾天辛苦妳了！送宏宏上學後，趕快休息喔！

這張紙條讓婉琪這幾天的疲憊一掃而空，原來老公不是不知道她的辛苦。她又轉念想想，就連身為職業婦女的勤美，女兒生病了還是要承受來自婆婆的責問，更何況二十四小時全職照顧小孩的她呢？想到這，她覺得輕鬆不少，躺上床舒舒服服地補眠去了。

我是假日父母，孩子生病被矇在鼓裡

「爸、媽，我們回來了！」週五的晚上，芳瑜跟老公智杰回到婆家度週末，他們是假日父母，平常兩人都在台北工作，一歲多的女兒亞亞則托給住在中壢的公婆照顧。

以往回到婆家，亞亞只要聽到爸爸媽媽的聲音，就會飛奔出來伸手討抱，但今天卻沒有，芳瑜不免覺得奇怪。

「媽，亞亞呢？怎麼沒看到她？」

「亞亞啊！她這幾天感冒了，吃藥變得比較愛睡，沒關係，讓她休息一下。」

婆婆講得很輕描淡寫，芳瑜卻緊張起來，心裡頭還有點不悅。爲什麼女兒感冒了，她這個當媽的卻不知道？

「感冒？什麼時候的事？媽妳怎麼都沒說呢？」

「跟你們講，你們人在台北能怎麼樣呢？我跟妳爸會照顧啊！放心啦！我前幾天有帶去看了，醫生說過一、兩天就好了。」

婆婆當然不明白芳瑜的焦急，只顧著招呼他們吃飯：「一下班就趕回來，還沒吃吧！我把菜熱一熱。」

※

這晚，芳瑜看著床上的亞亞，雖然睡著了，卻還不時夾帶著咳嗽聲，她心裡愧疚地不得了！

平常因爲工作沒辦法陪著女兒就算了，連孩子生病不舒服時，她這個母親居然完全在狀況外？而公婆竟還選擇瞞著他們夫妻，想著想著，她不免對兩位老人家有些埋怨。

「你去跟爸媽說，以後如果亞亞再有類似狀況，請他們打個電話給我們好不好？自己的女兒生病了，我卻不知道，這種感覺真的很討厭耶！」芳瑜跟智杰提出這個要求。

「媽剛不是有說了嗎？她沒講是因爲怕我們擔心啊！」

「這是我女兒，我爲她擔心不是正常的嗎？總之我就是不喜歡這樣，你去跟他們講就對了啦！」芳瑜越講越不開心。

「好啦，我明天找機會跟爸講，媽一向最聽爸的話，妳別不開心了，好不好？」

智杰跟芳瑜掛保證，然後要她早點睡覺休息。

不過，這一晚，芳瑜實在睡得不太好。

大概是因爲感冒鼻塞的關係，亞亞一整晚都翻來覆去的，還不時伴著咳嗽聲，芳瑜又是淺眠的人，女兒一動，她就緊張地跳起來，深怕是不是亞亞哪裡不舒服，整個晚上她就這樣睡睡醒醒，直到天有點微亮才算進入夢鄉。

隔天早上亞亞睡醒，看到一個禮拜不見的爸爸媽媽躺在身邊，心裡好開心，連忙把媽媽搖醒，要媽媽陪她玩。芳瑜勉強睜開雙眼看時鐘，是早上八點半，算一算，自己大概睡不到四個鐘頭吧！

替亞亞跟自己換好衣服，芳瑜帶著女兒到廚房準備泡奶給她喝，公婆早就醒了，早餐也準備好了。

「亞亞起床啦！馬麻回來了開不開心？」婆婆眉開眼笑地哄著亞亞，然後轉頭對芳瑜說「亞亞昨天晚上睡得還好吧？有沒有一直哭？」

「哭是沒有啦，不過睡覺時還是有點咳嗽。」

「咳整晚啊？那妳有睡好嗎？」公公關心地問，「妳媽前幾天也是沒什麼睡，亞亞感冒的第一天最慘，鬧了一個晚上都沒睡。」

芳瑜真不敢想像，自己只有昨晚照顧生病的女兒就已經這麼累了，那顧了好幾晚的婆婆，不是更累？

「媽，其實亞亞生病，妳可以打電話跟我們說啊！看我跟芳瑜誰都可以請假，回來幫忙照顧嘛！」

老公不知道什麼時候醒的，剛好走出來聽到他們對話，很巧妙地把芳瑜昨晚的要求提出來跟母親說。

「打給你們幹麼呢？不是影響你們上班心情？我跟你爸會照顧就好啦。」

如果是昨晚，芳瑜聽到婆婆又講這種話，她一定會很生氣，覺得婆婆完全不考慮她的心情。

但是昨天自己照顧生病的亞亞一晚後，她完全可以體會婆婆的辛勞，還有不想他們擔心的善意，於是她換了個口氣跟婆婆溝通：「媽，其實我跟智杰都有年假可以請啊！台北到中壢又不是太遠，以後如果有類似情況，妳不要怕我們麻煩，打個電話通知我們，我跟智杰會衡量情況，不會影響到工作的。妳幫我們照顧小孩已經很辛苦了，我們當然也要盡我們所能分擔一些嘛！」

智杰沒想到，昨晚還氣呼呼地要自己去跟爸媽溝通的老婆，現在竟然這麼心平氣和地跟母親說話，他除了訝異，也感到好窩心，想著等等一定要好好謝謝老婆。

聽到芳瑜這番誠懇的話語，婆婆也不好再說什麼。

「好啦，我知道了，稀飯都涼了，亞亞的ㄋㄟㄋㄟ也還沒泡，你們趕快坐下來吧！」

芳瑜跟老公交換了個「我很聰明吧」的眼神，愉快地進廚房幫女兒泡奶去了。

看哪家醫生、吃什麼藥，婆婆都有話說

才剛結束一個冗長沈重的會議，雅馨揉揉自己的太陽穴，感覺頭都要痛起來了，她看看手錶，剛好是午餐時間，正想著要吃什麼時，手機突然響了起來，她定睛一看，是家裡的電話，唉…肯定又是婆婆！

「喂，雅馨啊！妳昨天帶阿弟仔去看醫生，醫生怎麼說？」

阿弟仔是雅馨剛滿週歲的兒子，白天由同住的婆婆代為照顧，他們夫妻倆下班再接手。前兩天阿弟仔開始咳嗽流鼻水，婆婆緊張地要雅馨快快帶去看醫生。現在肯定是她覺得心肝孫的感冒症狀沒有減緩，所以打來問了。

「醫生就說喉嚨有點發炎，吃藥多喝水，過幾天應該就好了。」

「可是我看他今天還是一直咳啊，沒有比較好嘛！我看昨天那家沒有效啦，妳今天下班回來再帶去另一間看。」

雅馨果然沒猜錯，婆婆又要她換一家小兒科看了。每次只要小孩生病，吃了一天藥沒比較好，婆婆就會緊張地要她換醫生，而雅馨只得每次都重複一樣的話。

「媽，感冒本來就沒有這麼快好啦！妳現在馬上又換一家，吃不同的藥，對病

情不一定有幫助，而且昨天醫生有檢查過，就是輕微的喉嚨發炎，真的過一、兩天就會好很多了！」

「真的是這樣嗎？我看他咳得好難過喔！」婆婆還是不太放心。

雅馨用最後一絲絲的耐性跟婆婆保證，她會再仔細觀察，真有不對勁，一定會再帶去給醫生看，這才順利結束這通電話。

「又是妳婆婆？」隔壁的同事雨雯問。

「是啊！每回小孩生病就這樣，才吃一天藥是能恢復到哪去？又不是仙丹！」雅馨忍不住抱怨起來。

「我婆也是，老愛說我找的醫生沒有效，或是小孩明明只有一點點發燒，就急著要我灌退燒藥！」雨雯無奈地搖搖頭。

「真的很奇怪，我們是小孩的媽耶！難道我們會害自己的小孩，生病故意去找不好的醫生，讓他們活受罪嗎？連這個也要干涉，真的很煩！」

雅馨和雨雯就像找到知音一樣，都爲婆婆干涉自己帶小孩就醫的方式感到很苦惱，但坐在她們前頭的另一個同事小艾，對婆婆的抱怨卻跟她們截然不同，她轉頭對雅馨和雨雯說：「妳們這樣算好了啦！哪像我公婆，我小孩生病他們都一副無所謂的態度，根本不會關心我帶去看沒？小孩子身體有沒有好一點。」

「我情願像妳這樣，我自己的小孩自己顧，要看什麼醫生、吃不吃藥、退不退燒，都可以自己決定，不用聽公婆的碎碎念。」

雨雯希望公婆完全不要管她跟孩子的事，小艾卻希望公婆能多關心孫子一點，至少在她跟老公都沒有空時，他們還有婆家可以依靠。

「等有一天，你們夫妻假日都突然要加班，保姆又臨時有事不能帶時，就會羨慕有公婆可以當後盾的父母，就像妳們兩個這樣，所以只在生病時偶爾聽一下婆婆的叨嘮，算小CASE啦！」

「其實我當然知道婆婆是疼孫子才會這麼急，不過小孩生病，做媽的心裡就很不好受了，還要應付她三天兩頭問我，帶去看了沒啊？醫生怎麼說？這藥好像沒有用耶！要不要換一家……誰受得了啊？」

「嘿嘿！所以我現在學聰明了，帶兒子去看醫生，乾脆連婆婆一起帶去，讓她聽醫生怎麼說，我再直接問醫生，這次的藥大概要吃幾天才會開始見效，省了我不少麻煩！」雨雯得意地說。

雅馨聽到雨雯的方法，眼睛都亮了起來！

「好主意！雨雯！妳這招我也要學起來！」

「好啦！兩位同病相憐的媽媽，既然妳們的煩惱都有解決辦法，那我們可以去吃午餐了沒？我快餓扁了。」小艾誇張地摸摸肚子，三個人都笑了！

乳牙蛀掉沒關係？婆婆妳錯了！

品萱是職業婦女兼兩個孩子的媽，老大妞妞六歲，老二阿布才剛滿兩歲，白天都是由婆婆幫她照顧，下班後及週末，才是他們一家四口的親子時間。

妞妞還小時，因爲自己沒有經驗，不知道乳牙照顧的重要，也以爲乳牙蛀掉沒關係，因爲終究會換牙。結果讓妞妞的臼齒乳牙蛀到都快沒了，完全沒發現更別談什麼治療，直到孩子喊牙疼了，才緊張地帶去給牙醫看，就醫的時候，牙齦已經因爲細菌感染長了膿包，費了好大一番功夫才治療好。從此之後，品萱對兩個孩子的牙齒健康特別注意，除了勤幫他們刷牙之外，也拜託婆婆白天要控制孩子們吃零食的數量，但隨著阿布越來越大，品萱發現婆婆根本沒把她的叮嚀放在心上。

家裡的糖果餅乾越買越多，婆婆的解釋是：「孩子大了，看到人家在吃就會吵著要買。」

回到家常常看到兩姐弟手裡嘴裡都是糖，婆婆也有理由：「他們晚餐都有吃啊！等等睡覺前再去刷牙就好。」

相同的場景、相同的話看多聽多，品萱真的很難不生氣，婆婆不是不知道妞妞那時因爲乳牙蛀掉受的苦啊！爲什麼還是這麼大意？

「媽，妳忘了妞妞小時候，就是因爲乳牙蛀掉，我們以爲沒關係，結果長了一個大膿包，痛得她哇哇大叫，帶去給牙醫看還花了好多時間才弄好嗎？」

「有啦，我記得啦！所以都有跟他們說吃完要刷牙啊！」婆婆說完還轉頭問兩個孩子：「有沒有？阿嬤有沒有跟你們講要刷牙，不然蛀牙會痛痛？」

「有！」兩姐弟天真大聲地應合，而手裡還拿著糖。

品萱差點要昏倒了！原來婆婆覺得這樣就夠了，對老人家勸說無效，她決定試試從孩子下手。

這個週末，她和老公帶著孩子到兒童書店，說要講故事給兩個孩子聽，聽到媽媽要講故事，姐弟倆好開心，一路上七嘴八舌地討論，要媽媽講什麼樣的故事給自己聽。

到了書店，品萱特地挑了一本跟蛀牙有關的繪本，內容是講一個可愛的王子，因爲太喜歡吃甜食了，糖果、蛋糕、巧克力通通來者不拒，吃完又不刷牙，結果蛀牙了。

講到王子蛀牙時，品萱特地指著繪本裡王子哭泣的臉，問兩個孩子：「你們看，王子哭得好傷心喔！他爲什麼哭呢？」

「我知道，因爲他牙齒好痛好痛。」妞妞年紀比較大，理解力當然也好。

「那爲什麼王子的牙齒會好痛好痛呢？」品萱一步一步引導兩個孩子。

「因爲吃太多糖糖，還有不刷牙！」

「妞妞好棒！答對了！那你們要跟王子一樣嗎？」品萱問孩子。

姐弟倆都猛搖頭。

「可是，馬麻這幾天回家，都看到你們吃好多好多糖糖耶！就算吃完有刷牙，蟲蟲還是會因爲你們吃太多糖果，聞得到甜甜的味道，然後來吃你們的牙齒喔！」

聽到媽媽這麼說，小阿布立刻搖起手來喊：「不要蟲蟲！」

「那如果不想要蟲蟲來吃牙齒，有什麼辦法嗎？姐姐覺得呢？」她故意要孩子自己講出答案。

「不可以吃太多糖，還有每天要刷牙。」

「答對了！那如果以後馬麻去上班，阿嬤也忘記糖果不能吃太多這件事，有沒有人可以幫忙提醒阿嬤呢？」

「我！」妞妞和阿布都把手舉得好高好高。

「哇，我的兩個寶貝都好棒喔！」品萱把兩個孩子擁入懷裡，「那從現在開始，姐姐和弟弟都要一起保護自己的牙齒，好不好？」

「好！」

當然這本繪本，品萱最後沒有忘記把它買回家，她知道孩子的自制力有限，不可能因爲今天說的故事就立刻改掉吃零食的習慣，她已經有心理準備，日後要常常跟孩子們共讀這個故事，提醒他們蛀牙的可怕。至於婆婆那邊，就由老公以他身爲父親的立場去面對，直言不要老人家再買太多的餅乾糖果放家裡，她相信這麼雙管齊下的方法，慢慢可以看到成效。

電視一開 戰火也點燃

究竟要不要給小孩看電視？

剛幫兒子小布丁過完周歲生日，也意味著依華跟公司請的一年育嬰假要結束了，在這之前她早跟婆婆說好，接下來會在上班前把兒子送到婆家，下班後再跟老公耀輝接回小布丁。所以這陣子依華都忙著整理小布丁的衣物和用品準備往婆家放，也跟很多請長輩帶小孩的同事、朋友請益，有哪些要注意的地方，該怎麼跟老人家溝通比較不傷和氣。

問了一輪之後，她發現大家的結論都差不多，那就是「不要太過期望老人家能完全照妳的方式帶小孩」。有執爭時，退一步找出雙方都能接受的方式相互配合，自己的心情也會比較好過。

不過因為自己帶了一年，小布丁的生活作息和飲食習慣已經被媽媽訓練地很好了，婆婆只要循著她建立的模式接手就好，所以她不擔心跟婆婆會因為吃喝拉撒這類的小問題起衝突。讓她比較緊張的是，一歲開始是寶寶言行發展和規矩建立的重要階段，而婆婆管教小孩也是好幾十年前的事了，不知道她會怎麼教導自己的孫子。所以這陣子依華一有空，就帶著小布丁往阿嬤家跑，一方面讓小布丁熟悉環境，一方面也了解一下公婆平時的生活習慣。

幾天下來，依華發現婆婆每天除了上菜市場、忙家事之外，空閒時間就是看電視，這讓她有點擔心，害怕之後小布丁放在婆家，孩子會跟著阿嬤電視從早看到晚。原本想透過老公去跟老人家溝通，縮短家裡電視打開的時間，但好像又有點不妥，畢竟事情還沒有真的發生；又不可能因為這個原因，不讓公婆帶小孩，眼看育嬰假結束的日子越來越近，依華卻還沒有找到解決之道，她不免有些焦慮。

※

這天中午依華把小布丁託給婆婆照顧，她跟同事筱蕾約在公司附近午餐，除了交換媽媽經，也順便了解一下公司的近況，好讓自己重返工作崗位後能迅速上手。

「筱蕾，抱歉抱歉！我剛把兒子帶去給婆婆，有沒有等很久？」

「沒關係，我也才剛到不久，先點吃的吧。」

沒多久，餐點來了，依華和筱蕾邊吃邊聊。

「所以妳回來上班以後，白天就請婆婆幫妳顧小孩嗎？」筱蕾關心地問。

「對啊！生完小孩就跟老公講好請一年育嬰假，時間到了當然要乖乖回來上班，因爲少一份收入真的有差，反正我婆家近，下班回去再順路去接小孩就好。」

「我是公婆跟娘家父母都還各有工作，所以才另外再找保姆，不然我也想托給自己的親人帶。」筱蕾語帶惋惜地說。

「給親人帶是比較放心也比較省錢沒錯啦！但是⋯⋯」依華欲言又止。

「但是什麼？」

依華於是把這陣子的疑慮告訴筱蕾：「我真的很怕去跟公婆直說，會讓他們誤以爲我在挑剔，但什麼都不說，又好怕之後小布丁在阿嬤家看一整天電視，唉！」

「其實這不難解決啊！老人家會給小孩子看電視，其實因爲帶小孩不知道要做什麼，妳只要替妳公婆想好，帶小布丁時可以怎麼打發時間不就好了？」

「替我公婆想好可以打發時間的事？」依華還是不太了解。

「像我表妹也是請公婆幫她帶女兒，所以一開始她先在公婆家找個角落鋪遊戲墊，上頭放女兒愛的玩具或繪本，就連小孩看的ＤＶＤ她也都準備好給公婆，如果真的要給小孩看電視，就放她準備的那些ＤＶＤ。」

「這樣有用嗎？」

「當然事先要婉轉地跟長輩溝通啊！像是說知道帶小孩很辛苦，所以先準備這些東西給孩子玩，長輩也不用擔心不知道要讓小孩做什麼。妳自己帶了小布丁一年又更好講啦！就跟妳公婆說，之前小布丁在家很少看電視，都是看妳準備的那些ＤＶＤ，讓老人家覺得妳是在幫他們想辦法輕鬆一點，而不是在規定他們怎麼做，接受度一定更高吧！」

筱蕾給的這些建議，依華聽了很是受用。

「真的耶！妳這樣的說法，聽起來順耳多了，而且也應該會有用喔！太謝謝妳了！筱蕾！」

婆婆愛看鄉土劇，小孩也跟著看

星期六的下午，老公加班去了，怡萱留在家裡清洗積了好幾天的髒衣服，女兒佳佳在一旁自顧自地玩著家家酒，跟心愛的布偶娃娃對話。

突然間她聽到佳佳對著娃娃喊：「你欠人教訓喔！」怡萱聽到好訝異！她不敢相信才三歲半的女兒竟會說出這種話。

「佳佳，妳這樣講話，娃娃會傷心喔！」她走到女兒身邊，耐著性子引導「妳知道妳剛才講的話很不禮貌嗎？」

「可是，阿嬤看的電視都這樣講啊！」佳佳天真地說。

怡萱明白了，佳佳之所以會講出這種話，是每天跟著阿嬤一起看電視的結果。因爲他們夫妻白天上班，佳佳托給婆婆帶，而老人家就跟一般的婆婆媽媽一樣，晚餐吃飽沒事了，八點就準時打開電視，搖控器轉到鄉土劇的頻道。偏偏現在的鄉土劇不是甩人巴掌、就是罵人比大聲，佳佳跟著阿嬤看久了，會說出像剛才那樣的話，也不足爲奇了。

傍晚老公立德回來時，怡萱立刻緊張地把下午佳佳模仿鄉土劇對白的話，重複一次給立德聽，沒想到立德卻只是哈哈大笑。

「太可愛了吧！她怎麼學會講這句話的？」

「她說阿嬤看的電視講的。」

「阿嬤看的電視？喔，我知道了啦！是媽看的那些鄉土劇對白，太妙了，這小孩居然學起來了，我明天一定要去跟同事講。」

老公一派輕鬆的回應，讓怡萱有點不開心，覺得好像只有自己在擔心女兒。

「你怎麼一點也不緊張呢？佳佳才三歲半耶！就講出這麼油里油氣的話，再大一點要怎麼辦？」

「小孩子本來就會模仿大人啊！她每天跟著媽看電視，當然就學起來了，這有什麼好緊張的？她又不會這樣看電視看一輩子。」

怡萱真沒料到老公神經這麼大條，她在擔心女兒因爲看電視學會粗俗的話，他老兒居然在高興女兒模仿能力強？看來要靠老公去跟婆婆溝通，不要給小孩看鄉土劇是不可能了。

晚點等老公女兒都睡了，怡萱把電腦打開，她決定靠自己上網找方法。現在網路這麼發達，跟育兒相關的討論區又那麼多，她就不相信對女兒看電視這件事，網路上找不到解決的辦法，她進入一個親子討論區，在搜尋欄位打入「婆婆給小孩看電視」的字串，果然相關的討論話題就洋洋灑灑出現一堆，她很仔細地一個一個點進去看，發現原來跟她有同樣的困擾的媽媽並不少。

幾個話題看下來，怡萱發現要婆婆改掉看鄉土劇的習慣的確有難度，就像很多媽媽說的，白天讓婆婆被小孩綁住，已經夠辛苦了，如果再限制老人家看電視的自由，好像有點說不過去。但她真的又不想放任佳佳這樣跟著阿嬤看鄉土劇下去，就在這時候，她看到一個媽媽分享自己的經驗：

「我家妹妹也是白天托給婆婆帶，跟著阿嬤電視看一天，久而久之當然就學會講一些不好聽的話。白天我無法改變也干涉不了婆婆，但晚上回到家，我就想辦法帶著女兒讀繪本、玩玩具或出門散步，讓小孩子覺得晚上是她跟媽媽的親子時間，現在只要晚飯吃完，女兒就會吵著要我唸故事或帶她去散步，八點檔對她已經一點吸引力也沒有了，這是我的方法，供大家參考。」

怡萱覺得這方法好極了！

之前她下班回到家，總是拖著疲累的身軀催促佳佳吃飯，吃飽後自己也懶得再動了，搞得佳佳只能坐在阿嬤身邊看電視，才會學到那些不該講的話，這件事自己真的也要負一半責任。

就決定從明天開始吧！吃飽飯後她自己陪著佳佳玩，創造屬於他們的親子時光，讓佳佳覺得有媽咪陪玩，比看八點檔更有趣！

吃飯配電視，看得多吃得少

車水馬龍的下班時間，靜菲拖著累了一天的身軀回到婆家準備接兩個孩子，一打開婆家大門看到亮亮和小潔都還在吃飯，兩個人的眼睛都不約而同盯著電視螢幕，她抬頭看牆上的鐘，時間指著七點半。

已經七點半了！孩子們碗裡的飯還剩一大半！靜菲不由得怒火中燒！

「亮亮、小潔，把電視關掉，有人吃飯在看電視的嗎？」

聽到媽媽回來了，哥哥亮亮立刻起身把電視關掉，怯怯地回到餐桌繼續扒飯。

「今天飯添得比較多，當然吃得比較慢啊！那麼大聲做什麼？」

靜菲沒想到婆婆替兩個孩子說話就算了，還責怪她對孩子太兇？她都沒怪婆婆在吃飯時間給小孩看電視了，她老人家在不高興什麼？

吃飽後，靜菲把兩個孩子帶回家，檢查完安親班做好的功課，趕他們上床睡覺也已經快十點了，一天就這樣過去了。靜菲覺得自己每天好像停不下來的陀螺，轉啊轉的，卻不知道自己在忙什麼。想到今天在婆家，婆婆不是太友善的態度，她更是一肚子火，剛好這時候，老公宏昇洗好澡進房休息了。

「你有空跟媽說一下好不好？吃飯時不要開電視，我今天回去時都七點半了，亮亮他們晚餐都還沒吃完，就是因爲邊看電視邊吃飯。」

「這之前不是講過了嗎？」

「就是講過沒用，才要你再講啊！而且今天我要亮亮去把電視關掉，媽還對我兇耶！」靜菲忍不住跟老公訴苦，希望他能安慰一下自己。

「她累了一天嘛！妳別想太多。」宏昇邊說邊打了個哈欠，「今天開一整天的會，累死了，我先睡了。」還沒等靜菲回話，宏昇就躺在床上睡熟了。

「每次都這樣！事情講一半就睡著，媽累我不累啊！就只有她講話可以大聲？」

靜菲越想越不高興，每次只要跟老公提到跟小孩教養有關的事，他就是這種態度，叫自己不要想太多、婆婆的碎唸聽過就忘，然後他就一副事不關己的樣子。小孩又不是我一個人的！爲什麼永遠都只有我在管？

※

隔天上班的午餐時間，靜菲的大學好友瓊雯剛好到她公司附近洽公，兩人便約了午餐。才坐下來，靜菲就劈哩啪啦地把昨晚發生的事抱怨給瓊雯聽。

「哪有人吃飯在給小孩看電視的？我叫兒子去關掉有什麼不對？我婆婆對我兇幹麼？」一想到昨晚，靜菲仍餘怒未消。

「老人家嘛！總是愛面子又疼孫的，哪可能當著孫子面跟妳道歉看電視的事，而且一定是小孩吵著要看啊！說真的，我還沒聽過哪個長輩禁得起小孩哀求的，孫子只要一撒嬌，他們就什麼都答應了，我公婆、我爸媽都是一樣。」瓊雯安慰靜菲。

「所以我才選擇送去安親班啊！如果一放學就回我婆家，我看他們功課連寫都不用寫了！現在連吃飯也要我盯，想想真的很煩！」

「氣歸氣，妳還是得想辦法解決昨天的問題吧？」

「能有什麼辦法？要我老公跟他媽說，他一副無所謂的態度。」靜菲很無奈。

「那如果你們夫妻回到婆家一起吃晚餐，堅持不開電視，婆婆會有什麼反應？」

「一起吃晚餐?這恐怕有難度耶!通常我下班回到婆家都要七、八點了，晚餐時間早就過了，我老公下班時間更晚，要他一起回到婆家吃晚飯，我覺得不太可能。」

「沒辦法一起，那你們夫妻輪流呢?總不可能天天都加班吧?妳想要孩子改掉吃飯看電視的習慣，婆婆那邊又說不動，那妳不靠自己去執行，有誰能夠幫妳?要不就是妳睜一隻眼閉一隻眼，放任這個狀況下去。」

瓊雯話說得很直接，但這也是因爲她有過類似經驗。

「妳別覺得不可能，我之前也是單獨留兒子在婆家吃晚餐，結果沒幾個月時間，他吃得慢吞吞就算了，吃飯時玩具、電視樣樣來，後來我跟老公決定，兩人輪流回去陪他吃晚餐，我們把電視跟玩具都移走，專心陪他吃飯聊天，幾個禮拜下來真的有改善，只是父母都要辛苦一點，一下班就立刻趕回去。」

「嗯!妳說得有道理，我也不能把小孩放在婆家，就奢求婆婆完全照我的方法管教他們。好!我晚上回去就跟我老公商量，也把妳的經驗告訴他。」

「這就好啦!事情一定能解決的!那快吃吧!午休時間快結束了，沒聊夠的，我們下回再聊!」瓊雯笑瞇瞇地鼓勵好友。

處罰孩子的那把尺
該怎麼衡量

寶寶打人，阿嬤當遊戲？

晚飯吃飽，予晴在廚房洗碗，一歲多的女兒紅豆由婆婆抱著坐在客廳玩。洗好碗她走出客廳，卻看到紅豆伸高小小的手往阿嬤手臂打下去，她立刻出聲斥責：「紅豆！怎麼可以打阿嬤？」

「沒關係啦！小孩子哪懂什麼叫打人，紅豆在跟阿嬤玩對不對？」婆婆笑呵呵地逗著紅豆，一點也不覺得有什麼。

「媽，就是不懂才要教啊！現在就要跟她說這個動作不可以，否則她會認爲沒關係，把打人當遊戲的。」

予晴態度很堅定，她不希望女兒被慣壞。

「哪有這麼嚴重！才一歲多的小孩，妳講得這麼誇張。」婆婆很不以爲然，覺得予晴太過小題大作。

予晴還想回話，老公憲仁剛好洗完澡走出來，「老婆，我好了，妳快帶紅豆去洗。」

予晴只好把原本要反駁婆婆的話吞回肚子裡，帶著女兒洗澡去了。

※

隔天午餐跟同事閒聊時，予晴忍不住說了前一晚發生的事。

「紅豆打人耶！我婆婆還當作她在玩，我看，昨天絕對不是紅豆第一次打人！」

予晴是職業婦女，紅豆白天是婆婆幫忙帶的，以昨晚的狀況看來，她猜想白天紅豆這樣打人時，婆婆一定也都是笑笑的，當做孫女在玩。她越想越苦惱，覺得不能放任這個狀況下去。

「我家也是啊！小孩都已經三歲了，亂發脾氣時長輩都還是覺得好可愛。」同事小欣也是把小孩託給公婆帶，所以同樣心有戚戚焉「有時我們夫妻稍微大聲一點教小孩，我婆婆就馬上跳出來護孫子，我也不想跟我婆正面起衝突，所以全推給我老公去當壞人，要教小孩就帶回房間，不在長輩面前發脾氣。」

「帶回房間？婆婆不會阻止嗎？」予晴很好奇。

「會啊！所以我說壞人給老公當，婆婆出來阻止時，讓他去跟他媽講，帶回房間要怎麼教就是我們的事了。」

小欣提供的方法，給了予晴一些靈感，她決定晚上回去跟老公好好溝通。

下班之後，予晴還特地繞到書局挑了幾本跟情緒引導有關的繪本。這也是下午跟小欣閒聊時，小欣建議她的方法，要她有空的時候就跟紅豆一起看這些書，讓紅豆知道生氣或不開心時，不可以打人、丟東西，可以用什麼方法發洩。如果再加上老公的配合，一起糾正紅豆發脾氣、打人的行爲，她相信一定慢慢就能看到成效！

媽媽發火了，別怕！阿嬤給你靠！

星期六的晚上，淑媛一家坐在客廳看電視閒聊，兩個孩子則在旁邊堆著積木有說有笑。突然，四歲的弟弟小彬把手上的積木往姐姐珮珮頭上一砸，珮珮痛得立刻哭了起來。

「嗚！好痛！好痛！」

淑媛跟老公立強馬上衝到姐弟倆旁邊，立強嚴厲地質問小彬：「爲什麼打姐姐？快跟姐姐道歉！」

小彬扁著嘴，一臉倔強地不做任何反應，讓淑媛看了更生氣：

「小彬，把拔在跟你講話沒聽到嗎？你爲什麼打姐姐？再不說話媽媽要處罰了喔！」

小彬一聽媽媽兇，也害怕地哭了起來，這一哭，公婆也圍過來了。

「好了啦！小孩子玩，打打鬧鬧是難免的啊！珮珮乖，弟弟不是故意的，不要哭喔！」婆婆抱著小彬，替孩子說話。

又來了！每次只要她管教小孩，婆婆就跳出來護航，淑媛真覺得受夠了！

「媽，小孩犯錯就是要教，他拿積木丟姐姐就是不對，也應該要道歉啊！妳這樣護著他，會寵壞他的。」

「我這哪是寵！妳沒看孩子都哭成這樣了嗎？那就代表他知道自己錯了啊！這樣還不夠？珮珮跟小彬都乖喔！阿嬤拿糖給你們吃，吃完兩個人就和好了喔！」

婆婆完全不理會淑媛，逕自把兩個孩子帶開，淑媛轉頭望向立強，立強也是一臉無奈。

回到房間後，淑媛把氣全都發洩在立強身上：「看吧！媽又來了，只要我們管小孩，她就跳出來擋。今天小彬打的是自己的姐姐耶！我們還不好好導正，哪天去學校打同學，我看媽要怎麼擋。」

立強心裡也很無奈，他當然知道小孩打人不對，也知道老婆在火大什麼，但他實在想不到什麼辦法，去阻止母親的行爲。所以每次只要類似的狀況一發生，他就夾在老婆跟母親中間，時間一久，其實他自己也很累。

「說話啊！你怎麼不說話？」面對老公的默然，淑媛更火大，她覺得立強應該要想些解決之道。

「我能說什麼？我又不是沒在教小孩，我剛也有要小彬道歉啊！還是妳要我當媽的面打小孩，這樣妳才覺得我有盡到父親的責任？」

立強因爲也很煩，所以回話口氣實在不是太好，這讓淑媛更生氣，覺得老公根本不想解決問題！

「你不用對我兇，如果你肯用剛才對我說話的態度去阻止媽護小孩，我們也不用在這裡吵！」

於是兩夫妻又因爲婆婆管小孩的事鬧不愉快，而這也不是第一次了。

※

立強與淑媛學生時期就是班對，從大學時期就開始交往，即使畢業後立強去當兵，雙方也都認定彼此沒有改變，感情好得讓同學們都羨慕不已。但現在卻三天兩頭爲了管教小孩的事吵架冷戰，淑媛越想越感慨。

隔天是立強夫妻大學同學的婚宴，「各位，是立強賢伉儷來了！」見到立強和淑媛，同學們開心地不得了，拉著他們坐下敍舊，「兩個小孩咧？怎麼沒帶來？」

「帶來我們就不用吃啦！他們留在家裡跟爺爺奶奶作伴！」淑媛笑笑地說。

「有長輩幫忙顧真好，哪像我們，到哪都得帶著小孩，跟隨身行李一樣，累死了！」另一個同學芳芳羨慕地說。

「哪裡好？等長輩寵壞小孩，妳管不動的時候就知道！」淑媛忍不住在心裡犯嘀咕，但她當然沒有說出口。

同學們聊得正熱絡時，淑媛大學時代最要好的姐妹淘雅婕到了，她立刻坐在淑媛身邊聊開了：「幸福人妻，今天跟老公放假啊？沒帶珮珮他們出門？」

見淑媛有人陪，立強決定去找其他老同學敘舊：「我都還沒空跟新郎倌聊聊，妳們坐，我去找他。」

老公才剛走不久，淑媛忍不住拉著雅婕訴苦：「妳總算來了，我從昨晚到今天，憋了一肚子怨氣！」

「怎麼啦？妳跟立強又吵架啦？」果然是姐妹淘，雅婕一猜就知道大概發生什麼事。

於是淑媛把前一晚發生的事重述了一遍，當然沒忘了抱怨立強後來的反應：「明明是他媽太寵小孩耶！該罰的時候不罰，他自己也覺得不好啊！但就是不阻止我婆婆，然後反過頭來對我兇，這是哪門子道理？」淑媛還是餘怒未消。

「嗯！這對當媽的人來說，真的很苦惱。」雅婕也是當媽媽的人，所以非常能理解「不過說真的，要他去反駁自己媽媽，尤其是在全家人面前，的確也是有些爲難。」

「爲難？再怎麼爲難也要想辦法啊！難道放任小孩犯錯，就躲在阿嬤背後？」

「當然不能放任，或許妳可以試著和緩地跟他溝通，相信他也不想孩子有阿嬤當靠山，完全不理會父母的管教。所以先請他私下找個時間去跟妳婆婆說，以後孩子犯錯時，把主權交到他這個當爸爸的手上，如果再有像昨天那樣的情況發生，妳就先不要出聲，讓他出面『提醒』婆婆別再護著孩子，然後把孩子帶回房間，到時妳要怎麼教就是妳的事。當然要請立強堅持執行，幾次下來老人家也只能被迫配合。」雅婕給了這個建議。

「只怕我固執的婆婆不會這麼輕易放手！」淑媛嘆了口氣。

「所以才說你們要堅持啊！畢竟孩子之後的好壞，是做父母的在承擔，妳先耐住性子好好跟立強溝通，找個一天我們兩對夫妻出來吃飯，我讓我老公跟立強聊聊。」

「妳老公？幹麼？他是婆媳問題的專家喔？」

「別小看他喔！在我家，擋婆婆護小孩，全靠他耶！我相信他過來人的經驗分享，應該可以讓立強更知道該怎麼做。」雅婕拍拍淑媛的肩，「好啦！別苦惱了！今天難得小鬼頭沒跟來，讓自己假單身幾個小時吧！」

「我知道啦！謝謝妳喔！我今晚回去溝通看看，別忘了幫我約妳老公喔！靠他給立強『洗腦』了。」淑媛感激地笑了。

開始上學了

婆婆也有得管

幾歲上幼稚園，我不能作主？

麗芬結婚五年，跟老公一直住在婆家，三歲的凱凱是婆婆幫她帶大的。但這幾年來，麗芬常跟婆婆爲了孩子的教養問題鬧得不愉快，因爲凱凱是長孫，所以從小阿嬤就疼，嬰兒時期只要一哭，婆婆就搶著抱，更別提週歲之後，讓凱凱自己吃飯、收拾玩具、穿衣穿鞋了。

麗芬不只一次明示暗示過婆婆，不要太寵凱凱，應該讓他自己吃飯，玩好的玩具自己收，但總換來婆婆這樣的回應

「給他自己吃？那不是掉得滿地都是？等他長大了就會自己吃飯啦！」或是

「才幾歲的小孩妳要他自己收玩具？哪做得好？」

麗芬雖然很不能認同婆婆的教養方式，但礙在自己要上班賺錢，除了被迫接受，她也別無他法。

所以當凱凱滿三歲之後，麗芬便極力希望兒子去上幼稚園，她認爲到學校去跟老師同學相處，學習生活自理能力，絕對好過讓凱凱在家當小霸王，她把這個想法跟老公世華提了之後，世華也很贊成，於是這天晚餐時，麗芬稍微稍提了一下讓凱凱上學的事。

「媽，凱凱也三歲了，我跟世華討論過了，差不多該是時候讓他去上學了。」

「才三歲而已，上什麼學？等大一點再說啦！」婆婆的反應跟麗芬猜想的一樣，她肯定捨不得凱凱去上學，於是她看了看世華，示意他表態。

「媽，三歲不小了，我很多同事小孩一、兩歲就送去上學，在學校跟同學玩、學些基本常規，也都適應地很好啊！」世華示圖讓母親放心。

「那是家裡沒人可以照顧才送去學校，凱凱在家有阿嬤顧，不用不用！」婆婆揮揮手，態度很堅決。

母親這麼堅持，世華一時之間也不知能再說些什麼，讓凱凱上學的事，他跟麗芬也不敢再提。

過了幾天是禮拜六，麗芬夫妻趁著休假日帶凱凱到外頭走走，經過家附近的幼稚園時，剛好有親子日的活動，凱凱看到好多小朋友跑進跑出的，好奇地指著幼稚園問媽媽：「馬麻，這是什麼？」

麗芬突然靈光一閃，何不趁這個機會讓凱凱認識一下學校，讓他知道去上學能有什麼好玩的！

「這是幼稚園啊！長大了就要上學，去學校跟其他小朋友一起玩、唸書，幼稚園都有好大的溜滑梯喔！」

聽到玩和溜滑梯，凱凱眼睛都亮了。

「我要玩溜滑梯！」

「好，那馬麻有空的時候再帶你去幼稚園玩，好不好？」

世華在一旁看得一頭霧水，他不明究理地問麗芬：「老婆，妳哪有空帶凱凱去幼稚園啊？」

「你沒看凱凱對幼稚園這麼有興趣嗎？我乾脆趁這個機會，問問我們家附近這幾間幼稚園的風評，然後再排特休帶凱凱去參觀。我們說要他上學媽不同意，如果是凱凱自己說要去，媽應該就不會這麼堅持了吧？」麗芬得意地看著世華。

「妳確定凱凱看了就會想去？」世華還是有點懷疑。

「沒試你怎麼知道，放心啦！我會先找鄰居孩子們去上的幼稚園，有好玩的溜滑梯，又有凱凱認識的小朋友，對他來講吸引力應該會很大吧！」麗芬繼續說服世華。

「聽起來好像還不錯耶！還是老婆聰明，想到這個好方法！」世華蹲下來對兒子說：「凱凱，那把拔如果有空，也帶你去幼稚園玩，好不好？」

「好！」凱凱開心地看著爸爸媽媽大聲回答！

生活作息一團亂，媽媽的堅持全白費

「小翼啊！快十點了，還不來睡覺，明天又要起不來了！」小翼是莉絹快五歲的兒子，今年才剛上幼稚園。之前白天托給婆婆帶時，因爲習慣了晚睡晚起，導致現在都上學快半年了，早上還是常常爬不來，莉絹爲此已經不知發了幾次脾氣。

叫了幾聲，小翼還是沒回應，莉絹忍住怒氣走到客廳，又喊了一次：「小翼！

媽媽叫你沒聽見嗎？都幾點了還不睡覺！」

小翼跟奶奶看電視看得正開心，不但沒聽到媽媽喊他進房，就連媽媽現在生氣地站在他面前，還是拖拖拉拉不肯去睡。

他賴在奶奶懷裡撒嬌地說：「等一下嘛。」

更誇張的是，婆婆竟還笑笑地孫子解圍：「妳累妳先去睡啦！等一下我再帶小翼去睡。」

莉絹覺得婆婆真是搞不清楚狀況耶！這孩子就是因爲之前被婆婆慣得作息太不正常，現在上學了還調整不過來。

每天早上就像在打仗一樣，趕著起床、趕著盥洗換衣、趕著吃完早餐出門，婆婆不幫著她調整孩子作息就算了，還放任小翼一起看電視到這麼晚，她真感覺自己頭頂要冒火了！

「沒有等一下！就是現在去睡，你要明天上學遲到嗎？」

這時爸爸也洗完澡走出浴室了。

「小翼，現在過來刷牙然後睡覺，你要爸爸拿棍子嗎？」

小翼一向最怕爸爸，聽到這句話立刻乖乖走到浴室，準備睡覺了，但前前後後這麼一拖，他今天的上床時間又接近十點半了。

果然，隔天一早莉絹叫這孩子起床，又費了一番功夫，然後又是跟時間賽跑地趕上學，到了學校，小朋友們早就放好書包排排坐了！

「莉絹媽媽早！小翼早！今天好像晚了一點點喔！」老師跟莉絹母子打招呼。

等小翼入座，莉絹對老師赧然道歉地說：「老師，真的很不好意思！小翼總是最後一個到的。」

「不會啦！只是，小翼都是習慣晚睡嗎？我看他都開學這麼久了，好像還是不太適應早起的生活。」老師關心地問。

於是莉絹把之前小翼給婆婆帶的作息時間，和現在即使上學了，婆婆還是放任他看電視看到那麼晚的困擾告訴老師。

「難怪！難怪他總是睡眼惺忪地到學校。」老師恍然大悟地點點頭，「其實馬麻可以試著替小翼建立固定的睡前模式喔！」

「睡前模式？老師的意思是？」

「其實就是讓他每天睡前做的活動固定下來，比如希望他九點半就睡覺，那至少九點前就帶他進房間，看是一起聽些安靜幫助入眠的音樂，還是說故事。時間一久，他就會習慣做完這些事後，就是要睡覺。」

莉絹認真地聽著，老師繼續說：「替孩子建立起良好的睡眠模式，不但大人輕鬆，對孩子的睡眠品質也有很大的幫助。像他現在總是看電視看到要睡覺才進房，電視的聲光效果那麼強，反而會影響孩子的生長激素分泌，這都是有研究證實的。」

「這麼嚴重啊？」莉絹沒想到影響這麼大。

「是啊！所以媽媽可以試試我說的方法，也可以下次請奶奶帶小翼來上學或來參加親子日活動，我再找機會跟老人家說，家人們相互配合，讓小翼盡快習慣早睡早起的健康生活！」老師笑瞇瞇地建議。

「好啊好啊！太感謝老師了！」

放學功課沒人盯，孩子沒有責任感

「小德，把下午在阿嬤家寫好的功課拿來給媽媽看。」收拾好晚飯的餐桌，宜庭要兒子把今天的回家作業拿來給她檢查，也快八點半了，檢查完得讓孩子上床睡覺了。

叫了幾聲，小德完全沒反應，宜庭只好提高音量：「小德，媽媽叫你沒聽見嗎？把功課拿過來給我檢查。」

小德低著頭把作業本拿到餐桌遞給媽媽，宜庭攤開本子一看，注音符號寫得歪七扭八，幾乎沒一個她看得懂的！

「你寫這什麼啊？你自己看得懂嗎？」宜庭把本子丟在餐桌上，怒氣沖沖地問。

小德依舊低著頭，不敢看媽媽。

「你下午在阿嬤家是不是都顧著玩？所以功課才寫得亂七八糟？」宜庭火氣越來越大，音量也越來越大聲。

原本在客廳看新聞的老公柏成，聽到宜庭罵小孩的聲音，也走到餐桌了。

「怎麼啦？怎麼這麼生氣？」

「你自己看，看你兒子今天寫的作業，跟鬼畫符沒兩樣！」

柏成把作業本拿近一看，旋即語帶責備地問小德：「你功課寫成這樣，下午還敢玩？」

「我…我有拿給阿公阿嬤看，他們說寫完就可以玩了啊！」小德怯怯地說。

宜庭一聽，更火了！當初是公婆極力保證，小德放學後回到婆家，他們兩老一定會負責盯他寫完功課，結果呢？她看著眼前這鬼畫符般的作業本，覺得自己體內的火山就快要爆發了！

「不要什麼都推給阿公阿嬤！你自己看你寫的，你覺得這可以交給老師？」

柏成看老婆快失去理智了，連忙提出解決方法：「好啦！妳現在氣也沒用，我看只能全部重寫了。快九點了，小德趕快坐下，把功課全部重寫！」

「重寫？我不要啦！」小德使起性子。

「你作業寫成這樣還敢發脾氣？我跟爸爸上班一天已經夠累了，現在還要陪你重寫作業，我們才火大吧？」

「小德別再多話了，快坐下來！」柏成半強迫地把小德壓在椅子上，將作業本推到他面前，小德嘟起小嘴，心不甘情不願地開始重寫。

有爸爸媽媽在旁監督，小德這次不敢馬虎了，乖乖一筆一筆工整地把作業寫好，只是這一折騰，又是一個多小時過去，等他把最後一筆寫好，也快十點半了。

「十點半了，快點快點，刷牙洗臉睡覺去了」宜庭急急忙忙地幫著收拾書包，催小德上床去。

這一個晚上，宜庭覺得自己手忙腳亂，就像在打仗一樣！睡前，她忍不住跟柏成抱怨：「你去跟爸媽講一下吧！他們又不是沒唸過書的人，我不相信下午他們看到小德作業寫成那樣，會覺得那可以交給老師？」

「好啦！我會找機會說，不過不能只靠我們這些大人盯，小德自己對功課的責任感也要培養才行啊！」柏成分析給宜庭聽：「他現在才小一，功課算輕鬆的，如果不調整他的心態，等上中高年級要怎麼辦？」

「你有想到什麼辦法嗎？」宜庭問。

「從明天開始，我們先在爸媽面前檢查他的功課，幾天下來，爸媽大概就不敢像昨天那樣，放任他功課亂寫。」

「你覺得這樣會有用嗎？」宜庭帶著疑問。

「先試幾個禮拜看看，我們也儘量把加班排開，早點回家檢查他的作業。明天我會跟小德說，給他一段時間修正，如果一、兩個月之後，他功課還是寫得這樣亂七八糟，那我真的要送去安親班了。」柏成下定決心地說。

「安親班？可是我們一開始就是覺得安親班太貴，也不想小德壓力那麼大，才決定不送安親的啊。」

「所以才說給他時間修正啊！難道妳想每天回到家都跟今天晚上一樣，我們三個一起爲了他的功課搞得筋疲力盡嗎？」柏成說服宜庭，「我也沒有決定就要送安親了，只是把這個後果告訴小德，如果他再不改進，那再不情願他也得去，這筆錢，我們即使嫌貴也得花下去。」

「嗯，你說得也有道理，那就再觀察看看吧！」宜庭同意老公的想法。

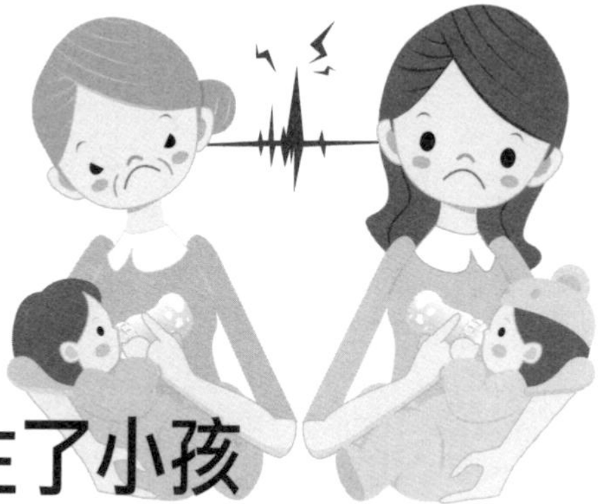

姑嫂妯娌也生了小孩
事情更複雜

Chapter 4

比身高、比成績
婆婆什麼都能比

「老婆，妳好了沒啊？今天是爸生日，不能遲到啊！」

「好啦！來了啦！」

聽到老公育群的催促聲，翠華心不甘情不願地走出房門，牽起女兒娜娜的手往大門走。今天是公公的生日，婆家的兄弟妹們早早就約好這個週末要替老人家慶生，而翠華則是早早就在擔心今天的來臨，因爲她真的越來越討厭回婆家，尤其是大哥大嫂也會回去時。

翠華的大嫂家世不錯，又在外商公司任職，常常三不五時在婆家人面前炫耀自己的年終、工作獎金，然後再有意無意地問翠華：「妳公司今年應該也不錯吧？」擺明要在婆家人面前給她難堪。

生下兒子小智出生後，大嫂更是愛比較，連帶地影響婆婆。娜娜還小的時候，婆婆就三不五時會說：「怎麼八個月了還沒長牙啊？小智這麼大的時候已經長兩三顆了耶！」要不就是：「妹妹怎麼好像都長不大？哥哥高妳一個頭耶！」翠華每次聽了只覺得可笑，小智大娜娜將近一歲，長得比較高不是應該的嗎？她不懂這有什麼好比的？

回到婆家，公婆跟大哥大嫂坐在客廳聊得正開心。

「爸媽，大哥大嫂，我們回來了。」

「回來啦！這邊坐著聊天，跟餐廳訂十二點半的位子，時間還早！」婆婆拉著他們坐下，「娜娜來，阿嬤好久沒看到妳了。」

「娜娜啊，最近是不是剛考完試啊？」大嫂笑著問娜娜。

我就知道！翠華在心裡暗想，小學期中考前幾天才結束，她早料到今天回婆家，大嫂一定會跟婆婆炫耀小智成績有多好，然後婆婆也一定會再關心娜娜考得如何，果然……

「娜娜有沒有跟哥哥一樣考第一名啊？」婆婆還真的開口問了。

「媽，這有什麼好比的啦！每個小孩擅長的不一樣嘛！我小時候功課也沒很好啊！」育群知道翠華最討厭聽到類似的話題，所以連忙跳出來擋。

就跟以往一樣，這天的生日聚餐，翠華一樣只想趕快結束回到自己家。

隔天上班時，她忍不住跟最要好的同事桑妮抱怨：「真搞不懂我婆婆跟我大嫂，怎麼什麼都要比啊！」

「愛比較是人性啦！妳別太介意，像我帶小孩回娘家，我媽也會忍不住問：『怎麼這麼瘦啊？怎麼不像隔壁誰誰誰的小孩多有肉！』只是講這種話的人是自己媽媽，所以聽起來沒那麼刺耳。」桑妮繼續開導翠華，「妳啊！有時大嫂跟婆婆說的話聽過就算了，放在心上懲罰自己幹什麼？」

「我哪有啊？」

「哪沒有？每次回婆家，都看妳氣成這樣。其實她們要比什麼是她們的事啊，妳只要知道自己的孩子優點在哪，不要受她們話影響看輕自己孩子就好。」

這些道理翠華當然知道，但真的很難完全做到。

「哪有這麼容易聽過就忘啊！我婆跟我大嫂一人一句，真的很恐怖耶！」

「那就想辦法不要聽到啊！她們在講時，妳找藉口把女兒帶到旁邊玩，別搭腔就好，聽眾離開了，她們也沒戲唱了吧？」桑妮建議翠華。

「我盡量啦，妳還是要繼續聽我抱怨喔，我的好同事！」翠華撒起嬌來。

好的都留給大姑小姑 婆婆真偏心

「媽，我帶巧兒回來看妳嘍！」卉凡推開娘家大門朝著裡頭喊。

「回來啦！今天怎麼沒回妳婆婆那邊呢？」卉凡母親笑盈盈地出來迎接她們母女，抱起巧兒：「阿嬤好久沒看到妳耶！等等帶妳去買布丁好不好？」

「好！」聽到有布丁吃，女兒好開心。

「阿超今天加班，又聽說我大姑小姑都要回去，我才不要自己帶女兒回去咧！」卉凡不以爲然地說。

「妳喔！她們怎麼說也是阿超的姐妹，妳要跟人家好好相處啦！」媽媽提醒卉凡。

「媽，那是妳沒看到每次她們回娘家，都跟蝗蟲過境一樣，什麼都要打包帶回去。有次我婆婆燉了一大鍋雞湯，說好給大家分著帶回去吃，結果咧?被我大姑小姑全分光了，我本來還想包一點給阿超當宵夜的，連渣都分不到！」卉凡一想到就有氣。

「就一鍋雞湯而已，妳記到現在。」母親試圖開導卉凡：「而且她們又不常回娘家，偶爾回去一次，當然會想多吃一點媽媽的料理啊！」

「我婆婆也偏心啦！每次家裡煮了什麼好吃的或人家送禮來，一定都先留給大姑小姑，我們就什麼都沒有！明明阿超也是她生的啊！爲什麼差別待遇這麼大！」

「女兒啊！婆家那些東西妳沒分到，你們一家三口有因此餓到嗎？」母親這麼問。

「當然不會啊！可是，我大姑小姑的老公賺得也不少耶！幹麼跟我們搶這個？」卉凡還是很不能接受。

「妳就當做那是女兒跟媽媽撒嬌嘛！妳看，就像妳回來，媽不也會忍不住想給妳帶點什麼回去，或是帶巧兒去吃好吃的，這也是當媽的對女兒表示疼愛的行爲啊！」

「我就是受不了我婆，什麼好的都留給她們，擺明偏心！」

「偏心不偏心其實是妳自己的解讀，媽不是要妳去喜歡大姑小姑，但妳把什麼事都放大來看，然後弄得自己心裡不開心，難受的是妳自己！」母親拍拍卉凡的肩：「好啦！別爲這種小事氣呼呼的，妳不喜歡看到她們回娘家拿東拿西的，那就多回來自己的娘家，要什麼跟媽說，好不好？」

卉凡這才笑了出來：「好啦！我自己會想開一點啦，謝謝媽。」

男孫才是寶

我生的女兒是根草

「妹妹，妳怎麼吃這麼慢呢？妳看人家哥哥多棒，已經吃飽去玩了喔！」美蓉還在餵女兒小芸吃飯，婆婆就冷不防冒出這句話，讓她聽了好生厭煩！就是這樣，她才這麼討厭回婆家，尤其是小叔小嬸也帶著兒子回去的時候。

小叔是婆家的么子，從小到大倍受寵愛不說，連帶地他娶的老婆、生的孩子，婆婆也是特別疼愛，小嬸又好運，進門沒多久後就懷孕了，還是一舉得男。反觀她自己呢？比小嬸早進門，卻在努力了五年後才生下小芸。

在不知道性別之前，婆婆雖然一派開明地說：「男生女生都一樣，健康就好！」結果呢？在確定懷的是女兒之後，婆婆三不五時就說：「生一個太少啦！再生一個來作伴。」但她卻從來沒聽過婆婆跟小叔小嬸說類似的話。

從那時候開始，美蓉就認爲婆婆重男輕女。

等兩個孩子漸漸長大了，婆婆比較的心態又更明顯。只要小叔兒子吃飯吃得比小芸快或是對長輩講了什麼好聽的話，婆婆就誇得不得了，開口閉口就是：「哥哥好棒喔！」或是「真是阿嬤的乖孫！」類似相關的話聽多了，美蓉實在無法當作沒聽到。

不只如此，小芸越長越大，也越來越聽得懂阿嬤講的話，她不只一次問過美蓉：「阿嬤為什麼都只說哥哥棒？阿嬤是不是不喜歡我？」

每次看到女兒受盡委屈的小臉，美蓉就感到好心疼，她不知道如何去安撫女兒，事實上，連她自己的心情，她都覺得需要被人安撫。

餵完小芸午餐，美蓉也沒什麼心情待在客廳跟大家聊天了，她藉口要帶孩子到外頭走走，就把小芸帶出門了。

牽著小芸朝公園走去，美蓉聽到一個熟悉的聲音：「是美蓉嗎？好久不見！」

美蓉回頭一看，是大學時代的直系學姐蓁瑜，當年她們倆交情可好的，但後來都忙於工作跟家庭，慢慢地就疏於聯絡了。

「學姐！真的好久不見！這妳女兒嗎？好可愛！」美蓉注意到蓁瑜也牽著一個小女孩。

「是啊！妳也當媽媽了喔！」蓁瑜笑瞇瞇地摸摸小芸的頭。

美蓉跟蓁瑜久沒見面，自然有很多話要聊，再加上美蓉剛才被婆婆搞得心情很不美麗，正想找人好好訴苦，所以跟蓁瑜找了間咖啡館坐下敍舊。

「大概有四、五年沒見了吧？妳女兒也這麼大了，這幾年好不好啊？」蓁瑜親切地問。

「沒什麼好不好的，日子不就是這樣過。」美蓉淡淡地說。

「怎麼了？是發生什麼不愉快的事嗎？聽妳的口氣，好像心情不太好。」

於是美蓉不只把下午發生的事說給學姐聽，也把這些年忍受婆婆重男輕女言行的委屈全說了出來。

「明明都是姓黃的，爲什麼男女要差這麼多？每次看到她疼愛男孫的樣子，我就覺得好不舒服，也好捨不得我女兒。」

「大概是中國人的傳統觀念吧！覺得女孩大了都是別人家的。別說妳婆婆了，就連我娘家親戚也會這樣啊！我有個姑姑，從小包給我弟的紅包就是比我跟我姐多，就連現在我們都各自生小孩嘍，她給我弟小孩的紅包，還是比包給我女兒的多，誇張吧？」蓁瑜分享自己的經驗。

「什麼時代了，還有這麼重男輕女的觀念，真的很討厭！」美蓉非常不屑。

「生氣也沒用啊！妳改變不了長輩，那就只能調整自己心情，不要被影響。」

「哪有這麼容易啊！尤其是我小叔有帶兒子回去時，光看我婆婆男女有別的那種眼神，我就受不了！」美蓉真的積怨已久，對婆婆有一肚子的不滿。

「其實我每次帶小孩回婆家，我婆婆也還是很常說：再生一個弟弟來作伴這種話啊！我都嘛當做沒聽見。」蓁瑜拍拍美蓉的手，「孩子是妳的，妳最清楚妳跟老公對她的愛，不會因爲她的性別有所改變，不是嗎？」

「當然啊！」

「所以啦！又何必被婆婆或是一些觀念比較守舊的長輩們影響呢？妳這麼生氣，難道是氣爲什麼自己生的不是兒子嗎？」蓁瑜故意這樣問。

「當然不是啊！我只是捨不得，捨不得爲什麼小芸不能跟堂哥一樣，有阿嬤那麼多關愛！」美蓉忿忿不平地說。

「阿嬤做不到的，妳跟老公能夠做到就好啦！你們是小芸的爸爸媽媽，你們給她的愛才是最重要的！」

學姐這番話，讓美蓉有了另一番的思維。是啊！她爲什麼要跟婆婆這種不正確的觀念生氣呢?反正久久才回一次婆家，平常的日子都是他們小夫妻自己在過的啊!管他什麼重男輕女，她自己知道，女兒永遠是她的寶就好了!

後記

隔代教養變成同調教養妳也做得到

俗話說：「家家有本難唸的經。」但是婆媳這本經，似乎是最難解、最難唸的。當又摻雜了教養的問題在其中時，能全身而退的媽媽好像沒有幾人。

其實在跟婆婆為了教養起爭執時，身為晚輩的媳婦不妨先退一步想——婆婆跟自己一樣愛孩子，她的做法也一定是出自於善意，只是時代跟育兒觀念都在改變，老人家跟自己的想法有出入是必然的。

先讓自己跳脫「婆婆為什麼要跟我作對」的情緒，才有辦法冷靜去思考，怎麼找到雙方都能接受的變通方式。

例如：公婆因為務農，不准妳讓孩子吃牛肉，那是不是有其他能替代牛肉營養素的食物？找到解決方法，是不是好過妳跟公婆爭執——吃牛肉有什麼不對？爲什麼我餵小孩吃東西還要經過你們同意？

找到解決方法之後，記得善用老公或第三者（例如：小姑、具權威的醫生或護理人員）去跟婆婆溝通，既不傷婆媳和氣，又能達到妳的目的。

雙方取得共識之後，別忘了適時找機會感謝婆婆爲孩子的付出，辛苦受到肯定，老人家心情自然會好過許多，而這受益的絕對會是妳。

試想：一個心情愉悅的老人家，還會想對媳婦口出惡言甚或雞蛋裡挑骨頭嗎？

最後記住，對婆婆退讓，不代表贊同她的想法或向她認輸，妳是在找一個讓自己跟家人都好過的方式。

因爲，照顧孩子就已經是一件夠辛苦的事了，如果三不五時還要爲了教養問題被婆婆影響心情，懷疑自己存在的價值，那是一件多不明智的事，是吧？

謹記這些原則，相信妳慢慢能夠找到跟婆婆同調的教養方式，在當母親這條路上越走越順利！

博雅益卷・典藏首選

THE REFERENCE BOOK YOU CAN'T MISS.

實用進階
日語文法

（50開）

邁向中級最需要的一本書！網羅動詞變化、助詞用法，進階文法立即上手。

日語
自我介紹必備手冊

（50開）

用流暢日文自我介紹，建立完美第一印象！初見面時要如何開口自我介紹？本書配合各種情境，介紹最適切的自我介紹句子。

1000
基礎實用單字

（50開）

只要掌握基礎單字，輕鬆開口說英語！若是要順利掌控英語的口語，你就必須具備基礎字彙的使用能力，語言的形成必須仰賴字彙為基礎。

雅典嚴選・延伸閱讀

WHAT THE GREAT BOOKS YOU HAVE TO READ.

菜英文
基礎實用篇
（25開）

沒有英文基礎發音就不能說英文嗎?別怕!
只要你會中文，一樣可以順口ㄌㄠˋ英文!

出國必備
日語旅遊書
（50開）

一冊在手，暢行無阻。
精選情境會話，網羅相關單字，小小一本，
讓您輕鬆遊日本!

韓語單字
萬用手冊
（48開）

*最實用的單字手冊
*生活單字迅速查詢
*輕鬆充實韓文詞彙

雅典嚴選・延伸閱讀

WHAT THE GREAT BOOKS YOU HAVE TO READ.

每日一句
日語懶人會話
（48開）

精選日本人最常使用的日語短句，
配合生動的情境會話，
一天一句，在不知不覺中累積日語會話力！

初學者
必學的韓語會話
（50開）

讓你踏出開口說韓語的第一步！
專為韓語初學者設計，收錄大量的會話、相關例句、基礎文法、句型、單字一應俱全。
羅馬拼音輔助發音，最便利的攜帶方式。

OK! no problem
你一定要會的基礎對話
（50開）

史上超強・英文基礎對話，英文學習在精不在多，只要掌握基礎對話，沒有學不會的英文、沒有接不了的話，人人都可以輕鬆開口飆英文！

雅典嚴選・延伸閱讀

WHAT THE GREAT BOOKS YOU HAVE TO READ.

不打不罵照樣教出好孩子

（25開）

「教養子女猶如開墾一畝荒地般，需要父母的耐心、信心及愛心的滋潤與灌溉，才能闢荒地良天，化光禿為青翠。」

——心理學家陶布森博士

養生藥膳食療大百科2：骨質疏鬆症、風濕病、更年期

（25開）

博大精深的藥膳文化，給你優質的保健養生料理。許多隱藏的健康危機都在我們最熟悉的生活環境中。對症下藥，補中益氣，滋陰潤肺，強健筋骨。藥膳常以藥膳酒劑治療，往往可收到較好療效。人類的壽命越來越長，現代疾病越來越多。

現代親子
22

婆婆是教養孩子最大的敵人?

雅致風靡　典藏文化

親愛的顧客您好，感謝您購買這本書。即日起，填寫讀者回函卡寄回至本公司，我們每月將抽出一百名回函讀者，寄出精美禮物並享有生日當月購書優惠！想知道更多更即時的消息，歡迎加入"永續圖書粉絲團"

您也可以選擇傳真、掃描或用本公司準備的免郵回函寄回，謝謝。

傳真電話：（02）8647-3660　　電子信箱：yungjiuh@ms45.hinet.net

姓名：	性別：　□男　□女
出生日期：　年　月　日	電話：
學歷：	職業：
E-mail：	
地址：□□□	
從何處購買此書：	購買金額：　元
購買本書動機：□封面 □書名 □排版 □內容 □作者 □偶然衝動	
你對本書的意見： 內容：□滿意□尚可□待改進 封面：□滿意□尚可□待改進	 編輯：□滿意□尚可□待改進 定價：□滿意□尚可□待改進
其他建議：	

剪下後傳真、掃描或寄回至「22103新北市汐止區大同路3段194號9樓之1雅典文化收」

您可以使用以下方式將回函寄回。

您的回覆，是我們進步的最大動力，謝謝。

① 使用本公司準備的免郵回函寄回。

② 傳真電話：（02）8647-3660

③ 掃描圖檔寄到電子信箱：

yungjiuh@ms45.hinet.net

沿此線對折後寄回，謝謝 。

廣 告 回 信
基隆郵局登記證
基隆廣字第056號

2 2 1-0 3

雅典文化事業有限公司　收

新北市汐止區大同路三段194號9樓之1

雅致風靡　典藏文化

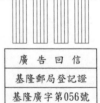